Samuel Flury

Die Ornamente der Hakim- und Ashar-Moschee

Verlag
der
Wissenschaften

Samuel Flury

Die Ornamente der Hakim- und Ashar-Moschee

ISBN/EAN: 9783957007223

Auflage: 1

Erscheinungsjahr: 2016

Erscheinungsort: Norderstedt, Deutschland

Hergestellt in Europa, USA, Kanada, Australien, Japan
Verlag der Wissenschaften in Hansebooks GmbH, Norderstedt

Verlag
der
Wissenschaften

Die Ornamente der Hakim- und Ashar-Moschee

Materialien zur Geschichte der älteren Kunst des Islam

von

S. FLURY

Mit 34 Tafeln und 8 Abbildungen im Text

HEIDELBERG 1912
Carl Winters Universitätsbuchhandlung

Max van Berchem

in Dankbarkeit zugeeignet

Vorwort.

Es war ursprünglich meine Absicht, das in Kairo gesammelte Material durch eine Reihe von Einzeluntersuchungen bekannt zu machen. Bei der Bearbeitung der Gipsornamente der Hakim- und Ashar-Moschee zeigte es sich aber, dass die rasche Förderung der Arbeit sich mit meinen Berufspflichten nicht vereinigen liess. Daher entschloss ich mich, die Steinskulpturen der Hakim-Moschee nur mit einigen orientierenden Bemerkungen den Gipsornamenten beizufügen, um wenigstens von der älteren Fatimidenkunst möglichst bald ein abgerundetes Bild geben zu können. Dass das vorliegende Material für ein eingehenderes Studium der islamischen Kunstentwicklung unentbehrlich ist, wird der Fachmann ohne weiteres zugeben. Sollte seine Veröffentlichung dazu dienen, der Kunst des Islam neue Freunde zu gewinnen, so wäre das für mich die grösste Genugtuung.

Basel, Juli 1912.

S. Flury.

Einleitung.

Obschon M. van Berchem in seinen grundlegenden «Notes d'Archéologie Arabe»[1]) schon im Jahre 1891 auf die kunsthistorische Bedeutung der noch erhaltenen Fatimidenbauwerke hingewiesen hat, sind 20 Jahre verflossen, ohne dass ein einziges Monument einer eingehenden Untersuchung unterzogen worden wäre. Die Zahl der publizierten Detailaufnahmen ist daher verschwindend klein.

A. Riegl, dessen Entwicklungsgeschichte der Arabeske sich auf die Materialsammlung von Prisse d'Avennes stützt, gibt nur ein kleines Detail der Kanzel von Qus.[2]) E. Herzfeld, der in seiner «Genesis der islamischen Kunst» im Wesentlichen Riegl folgt, gibt kein einziges Fatimidenmonument aus Kairo und erweckt die Überzeugung, dass die «typisch ägyptische Tulunidenornamentik» sich in der Hauptsache mit der Fatimidenornamentik deckt.[3]) Einzig J. Strzygowski hat das ihm zugängliche Fatimidenmaterial öfters verwendet.[4]) Die wenigen Abbildungen im Manuel d'Art Musulman sind teilweise sogar irreführend.[5])

Die Tatsache, dass die für die Geschichte des islamischen Ornaments so wichtigen fatimidischen Bauwerke bisher so wenig beachtet worden sind, veranlassten mich, meine vorwiegend zeichnerischen Aufnahmen aus den Jahren 1900 bis 1902 während eines dreimonatlichen Aufenthaltes in Kairo Ende letzten Jahres durch genaueres photographisches Material zu ersetzen und zu ergänzen.[6])

[1]) Journal Asiatique 1891

[2]) Stilfragen Fig. 189/90. Auf die Unzulänglichkeit der Detailaufnahmen von Prisse d'Avennes ist schon oft hingewiesen worden (Strzygowski, Schmoranz). Dass die „leibhaftige griechische Ranke mit allen ihren Eigentümlichkeiten" dem reproduzierenden Zeichner zuzuschreiben ist, davon konnte ich mich im Dezember vorigen Jahres in Qus überzeugen; vgl. a. a. O. Seite 335/36.

[3]) Islam I. S. 49 u. 51: Wenn Abb. 15d ein charakteristisches ägyptisches Fatimidenornament wäre, so müsste man Herzfeld allerdings zustimmen

[4]) Mschatta (Jahrbücher der K. Preuss. Kunstsammlungen 1904) und Amida.

[5]) H. Saladin Manuel I Fig. 54 Fig. 56 unbedeutendes Detail.
G. Migeon Manuel II Fig. 52 Stein nicht Stuck, Fig. 54 jünger.

[6]) An dieser Stelle möchte ich Herrn van Berchem meinen herzlichen Dank aussprechen für das liebenswürdige Interesse, das er seit Jahren meinen bescheidenen Studien entgegengebracht hat. Durch den Verkehr mit ihm wurde die ursprüngliche Liebhaberei zu einem wissenschaftlichen Bedürfnis.

Zu grossem Dank bin ich Herrn Ali Bey Bahgat vom arab. Museum in Kairo verpflichtet, der meine Arbeit in Kairo auf jede Weise unterstützt hat. Die grösste Anerkennung als technischer Assistent verdient Herr A Maas, Photograph in Kairo, dessen aufopfernder Arbeit ich vor allem die schönen Aufnahmen der Hakim-Minarette verdanke.

Die Bedeutung festdatierter Monumente aus so früher Zeit braucht wohl nicht besonders betont zu werden. Die unerfreuliche Kontroverse, welche durch die «Genesis der islamischen Kunst» hervorgerufen wurde, hat zur Genüge gezeigt, dass vor allem sorgfältige Detailaufnahmen gemacht werden müssen. Zwei Beispiele mögen genügen, um zu zeigen, wie wichtig die Kenntnis der Fatimidenornamentik für das Verständnis der Entwicklungsgeschichte des islamischen Ornamentes überhaupt ist. E. Herzfeld stellt in seiner «Genesis der islamischen Kunst» die Behauptung auf, die typisch ägyptische Tuluniden-Ornamentik habe vorzüglich unter den letzten Fatimiden, unter Nur al din Mahmud und unter Saladin im Auslande eine weite Verbreitung gefunden und sucht damit seine von Strzygowski bestrittene These zu stützen.[7]) Wer die Kairener Monumente des elften und zwölften Jahrhunderts genauer kennt, wird diesen Beweis für die Bodenständigkeit der ägyptischen Tulunidenornamentik entschieden ablehnen müssen. In diesen Zusammenhang gehört auch das zweite Beispiel: Maqam Ali. Noch vor wenigen Jahren hat Sarre die reichen Stuckornamente dieses Monumentes dem zehnten Jahrhundert zugeschrieben;[8]) jetzt sollen sie ein typisches Produkt des zwölften Jahrhunderts sein.[9]) Die Unsicherheit in der Datierung dieses so bedeutenden Bauwerkes ist hauptsächlich der Vernachlässigung der Fatimidenbauten Kairos zuzuschreiben. Sie geben uns wichtige Anhaltspunkte für die Beurteilung der mesopotamischen Kunst.

Aus praktischen Gründen werden die Gipsornamente an die Spitze der Untersuchung gestellt. Da die uns erhaltenen Tulunidenornamente hauptsächlich aus Gips bestehen, erhalten wir natürliche Verbindungslinien mit der älteren Kunst, andererseits gestatten uns die späteren Fatimidenbauten einen genauen Einblick in die weitere Entwicklung des Gipsornamentes. Bei den erhaltenen Steinskulpturen kann man einstweilen nur eine sprunghafte Entwicklung konstatieren. In den Hakim-Minaretten und in der erhaltenen Fassadenwand nördlich vom Eingang begegnen wir einem Formenreichtum, der weder quantitativ noch qualitativ von den späteren Denkmälern übertroffen wird.

Zeitlich gehören die Ornamente der Ashar-Moschee an den Anfang. Wenn wir trotzdem mit El Hakim beginnen, so geschicht es aus methodischen Gründen. El Ashar hat schon in alter Zeit Erweiterungen und Restaurationen erfahren.[10]) Die fatimidischen lassen sich an den erhaltenen Gipsskulpturen noch deutlich erkennen. Mit der Hakimornamentik als Ausganspunkt erhalten wir einen zuverlässigen Masstab für die Beurteilung der verschiedenen Stilgattungen der älteren Ashar-Moschee.

[7]) A. a. O S 51; S 48; S 53.

[8]) Jahrbücher der K. P Kunstsammlungen 1908.

[9]) Herzfeld, Orient. Literatur-Zeitung 1911 Nr. 9. Maqam Ali ist ein schlagender Beweis gegen die oben angeführte These Herzfelds

[10]) M van Berchem, Notes d'Archéologie Arabe I S. 23

Die Gipsornamente der Hakim-Moschee.

I. Die Schriftornamente.

Die islamische Kunst hat bekanntlich der Schrift schon früh eine hervorragende Rolle in der Dekoration eingeräumt; um so misslicher ist es, dass noch keine zusammenhängende palaeographische Arbeit erschienen ist, die eine genaue tabellarische Übersicht der Schriftentwicklung gibt.[11]) Die kunstgeschichtliche Behandlung des islamischen Schriftbandes sollte diese Arbeit voraussetzen können. Das für uns in Betracht kommende Material ist einstweilen noch dürftig, da das Corpus inscriptionum arabicarum (zitiert C. I. A.) den ornamentgeschichtlichen Wert der Inschriften nicht berücksichtigen kann.[12]) Dass die Schriftornamentik als solche noch keine Einzelbearbeitung erfahren hat, ist verwunderlich, wenn man bedenkt, dass sie mit der Palaeographie die wichtigsten Kriterien für die chronologische Bestimmung undatierter Denkmäler liefert. Die Untersuchung der Fatimidenbauten zeigt, dass die Schriftbänder in der Regel die charakteristischen Elemente des jeweiligen Stiles enthalten.

Es ist bezeichnend für die oberflächliche Bearbeitung der Fatimidenkunst, dass die Schriftornamente der Hakim-Moschee nie publiziert worden sind; sie sind in solcher Fülle vorhanden und zeigen eine so überraschende Entfaltung des «coufique fleuri», dass sie unbedingt zu den wichtigsten Schriftdenkmälern der islamischen Kunst gerechnet werden müssen. Da sie sehr gut erhalten und von blossem Auge sichtbar sind, gibt es nur einen Grund für ihre Vernachlässigung: die architektonische Orientierung der bisherigen Einschätzung der Hakim-Moschee.[13])

[11]) Die Materialsammlung der Arabic Paleography von B Moritz kommt leider für unsere Periode nicht in Betracht; sie enthält nur kleine Fragmente aus spätfatimidischer Zeit, die nicht ägyptischen Ursprungs sind. Zusammenstellungen, wie sie für die ersten Jahrhunderte gemacht worden sind (vgl Enzyklopädie des Islam, arabische Schrift, Tafel I), sind unentbehrliche Hilfsmittel für eine gründliche Erforschung der islamischen Kunst.

[12]) Es ist erfreulich, dass gelegentlich auch auf die kunsthistorische Bedeutung der Inschriften hingewiesen wird.

[13]) Als flüchtige Kopie der Moschee Ibn Tuluns schien die Hakim-Moschee wenig Interesse zu verdienen; vgl die Bemerkung von Franz Pascha, Berühmte Kunststätten Nr 11 S. 26 Dabei ist einer der wichtigsten Unterschiede zwischen den beiden Bauwerken nirgends erwähnt: El Hakim besitzt im Gegensatz zur Moschee Ibn Tuluns ein in der Richtung der Qibla laufendes Querschiff Auch Saladin scheint diese Tatsache übersehen zu haben, während er beim Querschiff der Ashar-Moschee auf den wahrscheinlichen Zusammenhang mit Tunis hinweist; vgl Manuel d'Art Musulman I, S 94

Man muss sich aber daran gewöhnen, bei der Fatimidenkunst das Schwergewicht auf die Ornamentgeschichte zu legen.[14])

E. Herzfeld gibt in seiner «Genesis der islamischen Kunst» eine Schriftprobe von den Gräbern des sechsten und siebenten Jahrhunderts in Salihin bei Aleppo, die den Hakim-Asharstil repräsentieren und zugleich seinen Export nach Syrien beweisen soll.[15]) Etwas Ähnliches findet sich weder in den Schriftfriesen von El-Ashar noch in denjenigen von El-Hakim.

Van Berchem hat schon längst auf die Bedeutung der dekorativen Inschriften in Gips hingewiesen und auch eine Schriftprobe aus der Hakim-Moschee veröffentlicht.[16]) Zufälligerweise gehört sie aber, wie wir sehen werden, nicht der Zeit Hakims, sondern einer späteren Restauration an.

Man geht wohl nicht fehl, wenn man den Schriftfries der den quadratischen Unterbau der Kuppel abschliesst, für den ältesten ansieht (vgl. Tafel I). Dieser Teil des Sanktuariums (nach Kairenischem Sprachgebrauch Maqsura) wurde sehr wahrscheinlich vor 393 (1003) vollendet, da Asis schon das Freitagsgebet in der von ihm begonnenen Moschee abhielt.[17]) Wie bei der Moschee Ibn Tuluns bildet auch hier der Schriftfries den oberen Abschluss der Arkadenwände, auf denen das flache Dach ruht. Er setzt ein mit dem «bismillah» an der südöstlich orientierten Qiblawand.

Es ist zu beachten, dass der Schriftfries des quadratischen Unterbaues der Kuppel nur keilförmig apizierte Buchstaben aufweist, dass die vertikalen Linien nicht gebrochen werden, und dass nur eine einfache Ligatur des Lam und Alif vorkommt (vgl. Tafel I und II 1. 2. 3.).[18]) Während nun diese Merkmale auch für die Schriftbänder der Moschee Ibn Tuluns gelten, treffen wir hier eine ganz eigenartige Verbindung von Schrift und Pflanzenranke, die der Tulunidenornamentik noch fremd ist.[19]) Die Hakimschriftbänder unterscheiden sich auch wesentlich von denjenigen der älteren Koranhandschriften, in denen die Schrift einfach auf die

[14]) Der Hinweis auf die gewaltige Bautätigkeit der Fatimiden, von der die mittelalterlichen Schriftsteller berichten (vgl. die Relation de Vogage de Nassiri Khosrau von C. Schefer, p. 127 ff.) und die kleine Anzahl erhaltener Monumente ändert nichts an der Tatsache, dass die Bedeutung der Fatimidenkunst auf dem Gebiet der Ornamentik liegt. Man denke nur an die geringe Variation in der Moscheeanlage, die typisch fatimidischen Säulenkapitelle, die Kuppelkonstruktionen und hatte daneben den überraschenden Reichtum der Ornamente, wie wir ihn z. B. in den architektonisch unbedeutenden Qubben der späteren Fatimidenzeit antreffen.

[15]) Islam I Abb 17 b c. S. 52 f.

[16]) Notes d'Archéologie Arabe. S 119 und Tafel Nr III, reproduziert von Franz Pascha, Kairo S 34; C. I. A. Pl. XVI No. 2.

[17]) van Berchem a a. O S 24.

[18]) Der Schriftfries ist ca. 26 m lang, mit den Stegen 0,58 m breit; die Grundfläche lässt noch blaue Bemalung erkennen

[19]) Diese Feststellung gilt für den Tulun-Schriftfries in Holz und einen Teil der Schriftbänder, die die Gipsfenster der Umfassungsmauern umrahmen Eine vorläufige Untersuchung hat ergeben, dass unter den letzteren eine ganze Anzahl fatimidischen Ursprungs sind, andere sind noch jünger und weisen nach dem Maghrib. Eine eingehende Untersuchung dieser Schriftbänder wird von entscheidender Bedeutung sein für die alte Streitfrage, ob die durchbrochenen Gipsfenster dem ursprünglichen Bau Ibn Tuluns angehören

ornamentierte Fläche aufgesetzt ist;[20]) hier wächst die Ranke aus den Buchstaben hervor und bildet mit ihnen ein organisches Ganze. Zu den allgemeinen Merkmalen dieses entwickelten Typus des «coufique fleuri» gehört das Bedürfnis nach gleichmässiger Raumfüllung und, damit zusammenhängend, das Überschneiden der Ranken untereinander und der Buchstaben durch die Ranken.

Die konstituierenden Elemente des Ornamentes finden sich in der Eingangsformel. Aus dem Mim wächst eine leicht geschwungene Ranke nach rechts, die sich in der Mitte des Schriftbandes verzweigt (vgl. Abb. 1A). Der vegetabilische Charakter ist durch das die Spaltung der Ranke andeutende Nebenblättchen und die dünner werdenden Rankenstiele gekennzeichnet. Typisch für die ganze Gipsornamentik von El-Hakim sind die Blattformen, in denen die Ranken enden. Die eine Grundform findet sich in der kreisförmigen Einrollung links oben: Ein Dreiblatt, dessen Mittellappen auf einem runden Steg sitzt. Die andere zeigt das Zweiblatt links unten: die verschiedenartig geschweiften Blatteile sind in der Regel durch einen geraden Steg verbunden. Die Ranke in der rechten Hälfte zeigt die

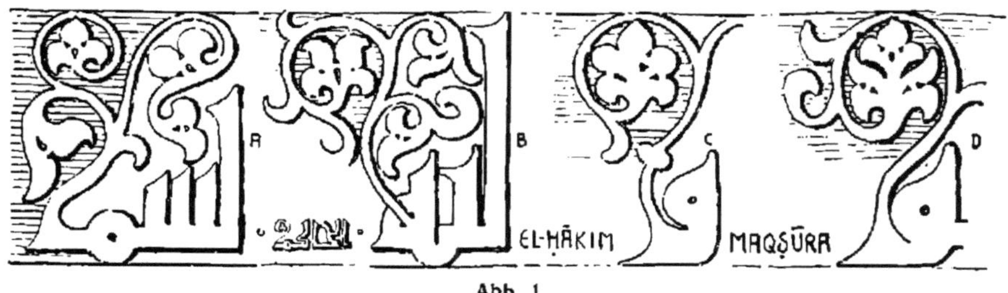

Abb. 1

arabeske Verbindung beider Blattformen: Ein Lappen des Dreiblattes wächst sich aus in ein Zweiblatt. Genetisch hängt das Dreiblatt vielleicht zusammen mit dem Lotusblütenmotiv der Ornamentik von Samarra und der Ibn Tulun-Moschee. An der Leibung eines Bogens und an den Pfeilerkapitellen dieser Moschee finden sich schon Dreiblätter mit kommaähnlichen Schlitzen.

Für das Überschneiden der Buchstaben gibt die Ranke, die aus dem Ra hervorwächst (vgl. Tafel II, 1 rechts), ein gutes Beispiel: zuerst wird sie in kreisförmigem Schwung unter dem Hha, dann über ihm durchgeführt, beachtenswert ist das Nebenblättchen, das dem Halbkreis des Hha folgt.

An der südöstlichen Wand finden sich nur die dem ganzen Sanktuarium (Maqsura) gemeinsamen Elemente: das Grundschema der Wellenranke, die kreisförmigen Einrollungen mit den Nebenblättchen und den beschriebenen Zwei- und Dreiblättern.

An der nordöstlichen Wand beginnt die Variation mit zwei neuen Blattformen: in der Ecke links ein herzförmiges Dreiblatt (vgl. Tafel II 2), das in der

[20]) B. Moritz, Arabic Paleography Pl. 31, 33, 35, 36

späteren Fatimidenkunst noch verwendet wird, und dann in der Mitte ein naturalistisch gehaltenes dreiteiliges Blatt (vgl. Tafel II 2 und Abb. 2 c),[21]) das für die Hakim-Moschee besonders charakteristisch ist, da es auch in den Steinornamenten des nördlichen Minarettes vorkommt und ähnlich in einem ungefähr gleichzeitigen Steinfries des arabischen Museums.[22])

An der nordwestlichen Fortsetzung des Schriftfrieses begegnen wir zunächst einer Ranke mit einer knotenartigen Verdickung kurz nach dem Ansatz, sie vergabelt sich nach links und rechts; die linke Einrollung endigt in einem palmettenartigen Fünfblatt, das aus den bekannten Einzelformen zusammengesetzt ist (vgl. Tafel II 3 und Abb. 1 c.). Auffallender ist die Ranke unter der linken Ecknische (Tafel II 3). In kreisrundem Schwung wächst sie aus dem Waw hervor, entsendet nach aussen Rankenschösslinge mit Zweiblättern und nach innen zwei dreiblättrige Wedel, die deutlich die Tendenz wirbelförmiger Einrollung zeigen (Abb. 2 D.). Dieses Ornament darf wohl mit der älteren christlichen Kunst Ägyptens in Verbindung gebracht werden. Sein Prototyp findet sich mehrmals auf einem mit

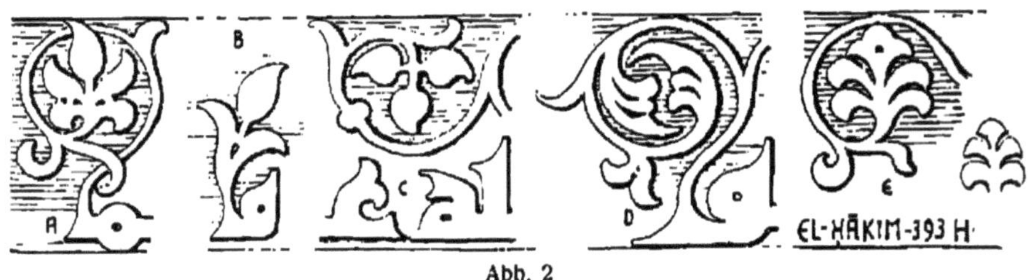

Abb. 2

Kreuzen geschmückten Kapitell des arabischen Museums[23]) (Tafel XXII 1.). Die beiden Wedel sind dort allerdings noch viel naturalistischer gehalten; man beachte die nach aussen gerichteten Akanthuszacken und vergleiche die islamische Umbildung, die der glatten Linie der Seitenansicht den Vorzug gibt; ganz übereinstimmend sind dagegen die Ansätze der Wedel und die Einrollung.[24]) Dieses Auftreten von Motiven der älteren koptischen Kunst müsste uns überraschen, wenn die Tulunidenkunst koptischen Ursprungs wäre.[25]) Damit soll aber nicht behauptet werden, dass die Gipsornamentik von El Hakim in erster Linie auf koptische Einflüsse zurückzuführen sei; es kann sich einstweilen nur um den Versuch handeln, die einzelnen Motive Vergleichsmaterial zu finden.

[21]) Herr Franz Pascha, dem ich die Bekanntschaft mit der Hakim-Moschee verdanke, hat mich vor Jahren auf diese Form aufmerksam gemacht

Vgl. J. Strzygowski, Mschatta Abb. 101

Catalogue Raisonné. S 51, Nr. 160.

[24]) Zum Wirbelmotiv vgl Strzygowski, Catalogue général des Antiquités Egyptiennes; koptische Kunst Nr. 7306

[25]) Hier sollte man von der Tulunidenkunst abgeleitete Formen erwarten, wie sie Herzfeld in Salihin bei Aleppo gefunden hat (vgl a a O. Abb. 17. b. c). Ein gewichtiges Moment gegen die These von der Bodenständigkeit der Tulunidenornamentik ist gerade der Umstand, dass sie schon im Dekor der Hakim-Moschee eine ganz untergeordnete Rolle spielt.

Das südwestliche Schriftband bringt noch eine neue Blattform: palmettenartiges Siebenblatt, das aus zwei seitlichen Zweiblättern und einem krönenden Dreiblatt zusammengesetzt ist. (Abb. 1 D.) Diese eigenartigen Zusammensetzungen liefern den Beweis, dass die Blätter des bismillah der Qiblawand die Grundlage dieser ganzen Ornamentik bilden.

Die im Journal asiatique und im C. I. A. veröffentlichte Schriftprobe[26]) zeigt nun ein durchaus abweichendes Ornament. An Stelle der Zwei- und Dreiblätter mit ihren Varianten, finden wir hier einförmige Gabelranken, die sich durch ihre ganze Struktur von den Blättern des Kuppelbaues unterscheiden. Sie zeigen fast alle eine tiefe Einkerbung in der Richtung der Längsachse, durch die das rankenähnliche Blatt in zwei schmale Streifen geteilt wird: auch der Ansatz der Gabelranke weist eine kleine Kerbe auf. Ein Hauptunterschied besteht also in dem Vermeiden der ungeteilten, glatten Blattfläche. Es fragt sich nun, ob diese beiden Stilgattungen der Zeit Hakims angehören. Da zwischen der Gründung und der Vollendung der Moschee zwei Jahrzehnte liegen, ist eine Wandlung des Stiles nicht von vornherein ausgeschlossen, zumal in einer ornamentgeschichtlich so schöpferischen Zeit.

Das Gabelrankenmotiv findet sich fast ausschliesslich an der vierten und fünften Arkadenreihe und über den ersten Bogen des Querschiffes zu beiden Seiten des Einganges in die Maqsura (vgl. Tafel III 1). Es wäre daher sehr wohl denkbar, dass dieser Teil der Moschee der letzten Bauperiode angehört. Auffallend ist allerdings das abrupte Nebeneinander der beiden Schriftbänder an derselben Wand. Achtet man nun auf die architektonische Struktur der Bauglieder, an denen die Gabelranken auftreten, so findet man auch hier auffallende Unterschiede. Über dem ersten Bogen des Querschiffes rechts vom Eingang kommen unter dem Gipsverputz Hausteine zum Vorschein, während sonst Ziegel verwendet werden.[27]) An der Arkadenwand, die die Maqsura gegen den Sahn abschliesst, ist zwar das Baumaterial dasselbe, aber die Struktur der Bogen verschieden: der eine Bogen zeigt radial geschichtete Ziegel, während beim andern die Schichtung der Ziegel unregelmässiger und steiler ist. Im südlichen Teil der Maqsura kann man diesen auffallenden Wechsel an ein und demselben Bogen beobachten und zugleich auch seine Ursache feststellen.[28]) In der Mitte des Bogens setzt ein Riss ein, der, nach oben breiter werdend, die Arkadenwand und das abschliessende Schriftband durchzieht; bei diesem Risse stossen die verschiedenartigen Schriftbänder unvermittelt zusammen. Es besteht demnach kein Zweifel mehr, dass die Gabelrankenornamente *nicht* dem ursprünglichen Bau Hakims, sondern einer späteren Restauration angehören.

[26]) Extrait Nr 5 (1891) S. 17 Nr III der Schriftprobentafel und C. I. A Pl. XVI 2

[27]) Eine eingehende Untersuchung der Bautechnik der ursprünglichen Moschee und der späteren Restaurationen wäre eine dankbare Aufgabe für einen Architekten des Waqf.

[28]) Vgl die Abbildung im Corpus Pl. XVI 2 und Tafel XXII 3.

Versuchen wir nun die Schriftbänder der restaurierten Teile der Moschee zeitlich zu bestimmen.

Sie zerfallen in mindestens zwei deutlich geschiedene Gruppen. Der scheinbar älteren Gruppe gehört die von van Berchem veröffentlichte Schriftprobe an, die sich an der die Maqsura gegen den Sahn abschliessenden Wandfläche befindet. Sie könnte, der Form der Buchstaben und dem Ornament nach zu schliessen, dem fünften Jahrhundert angehören. Das Kairener Vergleichsmaterial ist allerdings einstweilen noch dürftig; wir besitzen nur zwei Monumente aus der zweiten Hälfte des fünften Jahrhunderts, die entsprechende Schriftbänder aufweisen;[29]) beide zeigen schon entwickeltere Schrift und reicheres Ornament. Unter den Schriftbändern des Amidawerkes[30]) findet sich nirgends eine ähnliche Verbindung von alter kufischer Schrift mit dieser Gabelrankenornamentik.

Einen jüngeren Typus repräsentieren die Schriftbänder über den ersten Bogen des Querschiffes (vgl. Tafel III 1). An der Bogenwand rechts vom Eingang fällt besonders das Ha auf mit seiner horizontalen Endigung in einem halben Dreiblatt. Ganz seltsam ist das Schriftband an der nordöstlichen Wand des linken Bogens (Tafel III 1 oben). Die vertikalen Buchstabenschäfte zeigen häufige Brechungen. Am auffallendsten sind die beiden Lam in «rasuluhu», besonders dasjenige rechts; man beachte den nach unten gerichteten Giebel. Derartige Buchstaben besitzt kein einziges Fatimidenornament Kairos. Ihre Heimat ist wahrscheinlich der Maghrib.[31]) Das dünne Rankenwerk, das sich mit Vorliebe spiral förmig einrollt, deutet auch auf spätere Zeit.

Die bedeutendste Restauration der Moschee wurde bekanntlich im Jahre 703 von Rukn ed-din Bibars el-Gaschenkir vorgenommen, nachdem ein gewaltiges Erdbeben ein Jahr vorher die Moschee stark beschädigt hatte.[32]) Das zuletzt beschriebene Schriftband, dessen flüchtige und unkufische Ausführung auffallend ist, darf wohl mit Sicherheit dem Jahre 703 zugeschrieben werden. Das Mamlukenkufi aus der zweiten Hälfte des siebenten Jahrhunderts, wie es in der Moschee Daher Bibars erhalten ist, zeigt auch die giebelförmig gebrochenen breiten Linien am oberen Steg des Schriftbandes. Denselben Typus finden wir an verschiedenen Fenstern der Moschee Ibn Tuluns; diese Restaurationen gehören wohl der Zeit Lagins[33]) an, doch wäre es möglich, dass das Erdbeben auch in dieser Moschee einigen Schaden anrichtete. Für die Gabelranken findet sich in der Moschee Daher Bibars gleichfalls eine gute Parallele. Unmittelbar unter dem Schriftband läuft ein

[29]) Der Stuckmihrab des Wesirs Al-Afdal in der Moschee Ibn Tuluns, vergl. C. I A. Pl. XX, Nr 1 und die Qiblawand der Giyuschi-Moschee.

[30]) Herr van Berchem hatte die Freundlichkeit, dem Verfasser die Originalphotographien zur Verfügung zu stellen.

[31]) Vgl. Die Kufischen Inschriften der Moschee Sidi Bel Hassan in den „Monuments Arabes de Tlemcen“ von W u G. Marçais S. 179.

[32]) Vgl den Auszug aus Makrisi in den Not. d'arch arabe S. 25. Dass die Übersetzung von Badana mit Pfeiler (cf. Anm. 2) zutreffend ist, bestätigt auch die Untersuchung der Schriftbänder.

[33]) Vgl. Stanley Lane-Poole, a History of Egypt in the Middle Ages, S. 292.

breiter Arabeskenfries, der eine einfach gekerbte dünne Gabelranke als konstituierendes Element aufweist. Die restaurierten Schriftbänder des südlichen Teiles der Hakim-Moschee könnten daher, was die Ornamente anbetrifft, auch der Mamlukenperiode angehören.

Makrisi berichtet, dass die Umfassungsmauern der Moschee barsten. Es ist nun von vornherein wahrscheinlich, dass die südwestliche Mauer, die senkrecht zu den Arkadenwänden steht, besonders gelitten hat, da sie durch den seitlichen Schub der Bogen schon belastet war (vgl. Tafel XXI 3). Man begreift deshalb den Wechsel des Schriftbandes an den beiden südlichsten Bogen, die sich an die Umfassungsmauern anlehnen (vgl. Tafel XXII 3).

Es ist natürlich nicht ausgeschlossen, dass schon in fatimidischer Zeit kleinere Restaurationen an der Moschee vorgenommen wurden, die durch die ungenügende Fundamentierung im Alluvialboden.[34]) durch Erdbeben und andere Ursachen veranlasst wurden. Die Erdbeben, die die syrischen Lande im fünften Jahrhundert heimsuchten, haben sich gewiss auch in Ägypten fühlbar gemacht.[35]) Die Gabelrankenschriftbänder deuten aber auf so ausgedehnte Zerstörungen, dass man wohl berechtigt ist, sie der grossen Restauration vom Jahre 703 zuzuschreiben. Freilich muss man dann annehmen, dass das Fatimidenkufi noch in der Mamlukenzeit sorgfältig nachgeahmt wurde.[36]) Mit der Möglichkeit später Nachahmungen fatimidischer Monumente wird man in Zukunft ernstlich rechnen müssen.

Tafel XVI. 1. zeigt ein Beispiel einer direkten Kopie aus dem Ende des siebenten (dreizehnten) Jahrhunderts. Franz Pascha hat schon auf die hohe Bedeutung der Flachnische hingewiesen, die vom Wesir El-Afdal im Namen des Kalifen el-Mustansir in der Moschee Ibn Tuluns gestiftet wurde (vgl. Tafel XVI 2).[37]) Die korrespondierende Nische wurde wegen ihrer schlechten Erhaltung weniger beachtet, zumal da sie auf den ersten Blick dieselbe Komposition zeigt wie diejenige El-Afdals. Bei genauerem Zusehen entdeckt man, dass das breite kufische Schriftband den Rankentypus aufweist, der sich im Laufe des 7. (13.) Jahrhunderts in Kairo entwickelt hat. M. van Berchem, den ich auf diesen seltsamen Tatbestand aufmerksam machte, konnte nun feststellen, dass auch diese Flachnische historische Daten enthält. Der Text des grossen Schriftbandes lautet: «(Befohlen hat die Errichtung) dieses Mihrab unser Herr der Sultan al-Malik al Mansur Husam al-dunya wal-din Ladjin, Sultan des Islam (und der Muslime ...).» Die Kopie Lagins dürfte unter anderem auch zeigen, dass bei jedem genaueren Datierungsversuch die äusserste Vorsicht geboten ist, wenn es sich um Inschriften koranischen Inhalts handelt. Solange es noch an eingehenderen palaeographischen

[34]) Franz Pascha a. a. O. S. 26.

[35]) R. Hartmann, der Felsendom in Jerusalem, S. 43, 45; und Stanley Lane-Poole a. a O. S. 216.

[36]) Herr M van Berchem, dem ich die Schriftbänder vorlegte, bestärkte mich in dieser Annahme.

[37]) A a O S. 12/13: die einzige Kibla in Kairo, deren Inschriften historische Daten enthalten. Vgl. die Inschrift im C. I. A. I S 33.

Untersuchungen fehlt, sich mit einer vorläufigen Gruppierung des Materials begnügen.

Der Hinweis auf den archaisierenden Mihrab Lagins schien geboten im Blick auf ein höchst eigenartiges Schriftband, das sich im nördlichen Teil der Maqsura, an der fünften Arkadenreihe befindet (vgl. Tafel IV A. B. C.).

Fassen wir zunächst die Schriftornamente ins Auge. Im Gegensatz zu den eben besprochenen Schriftbändern mit den Gabelranken begegnen uns hier wieder die Blattformen, die wir am Unterbau der Kuppel kennen gelernt haben. Wie dort sind Zwei- und Dreiblätter vorherrschend. Während nun die meisten Zweiblätter in ihrer Struktur mit den früher besprochenen übereinstimmen, zeigen die Dreiblätter kleine Abweichungen. Ihre Blattwinkel sind ohne Ausnahme durch runde Bohrlöcher gebildet, beim älteren Dreiblatt dagegen sind die Blattwinkel so herausgeschnitten, dass das mittlere Blatt auf einem Steg zu sitzen scheint, der durch die beiden Einschnitte und den kommaähnlichen Schlitz entstanden ist. Neben diesen vereinfachten Dreiblättern finden sich andere, die ausser dem komma-

Abb 3

ähnlichen Schlitz in der Längsachse einen bogenförmigen Schlitz aufweisen, der das Blatt der Breite nach durchschneidet (vgl. Abb. 3). In der unregelmässigen Rankenführung zeigt dieses Band eine auffallende Übereinstimmung mit dem ältesten Typus; die schön symmetrische Ranke, die auf der rechten Seite des Schriftbandes A aus dem Ghain hervorwächst, bildet eine ganz vereinzelte Ausnahme. Auch für die Rosetten, die im Bande A und C als Füllmotive verwendet werden, finden sich im südlichen Teil der Maqsura und im Querschiff Parallelen, die sicher der ursprünglichen Dekoration angehören (vgl. Tafel III 2 rechts).[38] Fremdartig berührt dagegen ein freies Füllmotiv, das auf der rechten Hälfte des Schriftbandes B dreimal vorkommt. Aus dem tropfenähnlichen unteren Teil wachsen Zwei- und Dreiblätter hervor. Charakteristisch sind besonders die drei runden Bohrlöcher, die ein gleichseitiges Dreieck bilden, und der Schlitz in der Längsachse (vgl. Abb. 3 Mitte). Die tropfenähnlichen freien Ornamente gehören dem Kunstkreise der Moschee Ibn Tuluns an. Geometrisch angeordnete Punkte als Streumuster finden sich vorwiegend auf älteren Gipsornamenten; wir werden ihnen in

Die fünfblättrigen Rosetten sind auf den alten Schriftbändern vorherrschend, doch finden sich auch sechsblättrige

der Azhar-Moschee wieder begegnen. Die Dreieckpunkte kommen in gleicher Verwendung an einer der grossen Bogenbildungen und an mehreren Fensterumrahmungen der Moschee Ibn Tuluns vor.

Neben einem palmettenartigen Halbblatt (vgl. Abb. 3) ist als altes Ziermotiv noch der Granatapfel mit dem naturalistisch gehaltenen dreiteiligen Blatt zu erwähnen, der sich rechts neben dem Riss auf dem Schriftbande B befindet.

Überblickt man den ornamentalen Befund des Schriftbandes, so lässt sich kein gewichtiges Moment gegen seinen frühfatimidischen Ursprung geltend machen. Die Varianten sind nicht überraschend, wenn man annimmt, dass die fünfte Arkadenwand der letzten Bauperiode der ursprünglichen Moschee angehört. Dazu würde auch die Tatsache passen, dass die spätere Fatimidenzeit ganz andere Schriftornamente aufweist.

Werfen wir nun einen Blick auf die Schrift. Es fällt auf, dass der horizontale Verlauf der Buchstaben bei diesem Schriftbande sich wesentlich von dem streng geradlinigen Typus der alten Fatimidenschriftbänder unterscheidet. Die Buchstaben bilden nicht nur keine kontinuierliche Gerade, sondern sie verraten häufig die Neigung zum Naschiduktus. Auch in der Vertikalrichtung zeigen sich auffallende Abweichungen. Man beachte das Lam-Alif auf Band B mit der spitzwinkligen seitlichen Ausbuchtung; das unverbundene Alif endigt häufig unten in einem Halbblatt, das Sin auf Band A in drei Zweiblättern, auf Band C. in drei runden Knöpfen, aus denen Zweiblätter hervorwachsen (vgl. Abb. 3 links);[39]) das schon erwähnte Ghain auf Band A endigt in einem Dreiblatt. Den gebrochenen Schafttypus zeigt das Nun finale (Abb. 3).

Van Berchem der dieses Schriftband für eine späte archaisierende Nachahmung hält, machte den Verfasser besonders auf das seltsame Dhal, ferner auf das Nun, Ja und Dal von Abb. 3 aufmerksam.

Die zeitliche Bestimmung des Schriftbandes wird durch den Umstand erschwert, dass nicht nur die Schrift, sondern auch die Ornamente den bewusst archaisierenden Künstler verraten. Da die Schrift, die für die Beurteilung einzig in Betracht kommt, wesentlich verschieden ist von derjenigen, die wir der grossen Restauration vom Jahre 703 zugeschrieben haben, so ergeben sich zwei Möglichkeiten: 1. Mehrere Kunsthandwerker erhielten gleichzeitig die Aufgabe, die zerstörten Schriftbänder so zu restaurieren, dass der altertümliche Charakter gewahrt blieb und lösten dieselbe auf verschiedene Weise, oder 2. das Schriftband gehört einer noch jüngeren Restauration an.

Mit den bisher besprochenen Schriftbändern, die zweifellos nicht dem Bau Hakims angehören, ist aber der Formenreichtum der Moschee nicht erschöpft. Eine vollständige Aufnahme des Schriftdekors wird gewiss vereinzelte fatimidische

[39]) Das mit Zweiblättern verbundene Sin und Schin kommt in den übrigen Fatimidenbauten nicht vor. Herr M van Berchem hatte die Freundlichkeit, die Schriftbänder A. B. C. für den Verfasser zu transkribieren und den koranischen Inhalt derselben festzustellen; sie enthalten die Verse 9—11 der VIII. Sure

Schriftbänder aus späterer Zeit zu Tage fördern.[40]) Es sei besonders auf denjenigen Buchstabentypus hingewiesen, dessen vertikale Schäfte in Halbblättern endigen, ferner auf die Schriftbänder mit mehrfach gebrochenen Schäften. Ein charakteristisches Beispiel zeigt Abb. 4 A. Auffallend ist die naturalistische Ranke mit den dreiteiligen Blättern und den Granatäpfeln, die aus dem Alif hervorwächst. Da eine eingehende Untersuchung der späteren Schriftbänder nicht in den Rahmen dieser Arbeit gehört, sei nur beiläufig auf den mesopotamischen Charakter der angeführten Schriftprobe hingewiesen.[41])

Kehren wir nun zur ursprünglichen Hakimornamentik zurück, die wir am quadratischen Unterbau der Kuppel kennen gelernt haben. Das begonnene Inventar verlangt noch einige Ergänzungen.

In erster Linie müssen die Kombinationen des Hakimzweiblattes erwähnt werden: ein Vierblatt, das aus zwei durch einen runden Steg verbundenen Zweiblättern besteht (Abb. 1. B.; Tafel II 4); ein Dreiblatt, das aus einem Zweiblatt und einem gestielten lanzettlichen Blatt mit asymmetrisch geschweifter Spitze kombi-

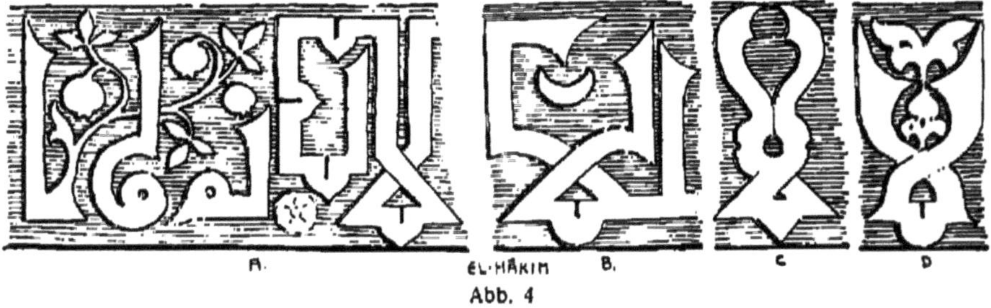

Abb. 4

niert ist und ein Fünfblatt, das die Kombination von Lanzettblatt und seitlichen Zweiblättern zeigt (Abb. 2. A. B.).

Ziemlich häufig begegnet man auf den alten Schriftbändern einem palmettenartigen Halbblatt (Tafel III 2 rechts), das schon bei der Besprechung des archaisierenden Schriftbandes erwähnt wurde (Abb. 3). Der runde Steg, der die länglichen Blattlappen verbindet, ist ein Merkmal des typischen Hakimzweiblattes. Wichtiger ist die rundliche Ausbuchtung links unten, sie deutet auf die ursprüngliche Palmettenvolute. Der Normaltypus dieser Palmettenart, die neben dem Pal-

[40]) Im überdachten südlichen Teil der Maqsura befinden sich wichtige Schriftvarianten, die der Verfasser leider nicht photographieren konnte, da die Lichtverhältnisse zu ungünstig sind. Die in Abb. 4 reproduzierten Schriftproben stammen aus diesem Teile der Moschee. Von Herrn E. Combe, der die ältesten Stelen Kairos bearbeitet, erhielt ich eine interessante Schriftprobe aus dem Jahre 217 oder 219 H. mit Halbmond-Ornamenten wie auf Abb. 4 B.

[41]) Rechtwinklig gebrochene und mit giebelförmigen Ausbuchtungen versehene Buchstabenschäfte in der Art des Lam-Alif auf Abb. 4 A finden sich in keinem späteren Fatimidenbauwerk, während dieser Typus schon in der ersten Hälfte des fünften Jahrhunderts in Amida auftritt. Vergl Amida Pl. IV 2. Auch das naturalistische Granatapfelmotiv dürfte mesopotamischen Ursprungs sein, obschon der Granatapfel auch in der koptischen Kunst häufig verwendet wird. Vgl Strzygowski a a O. Nr 7303 ff. und die giebelförmigen Stelen im Museum von Alexandrien.

mettenwedel für die Folgezeit massgebend wurde, ist schon in der Moschee Ibn Tuluns zu finden.[42]) In den Steinornamenten der Hakimtürme bildet sie ein Hauptmotiv (vgl. Tafel XX 1. 2.). Den gesprengten Typus dieser Palmette findet man an einem der Steinfenster desselben Turmes (vgl. Tafel XXVI 3.). Auf der im Tulunidenstil verzierten Blattfläche ist das Halbblatt sogar zweimal vertreten. Dass es auch die spätere Fatimidenornamentik übergegangen ist, das beweist ein schönes koranisches Schriftband, das sich an einer in Hausteinen ausgeführten Mauer ausserhalb der Moschee in der Nähe des südlichen Turmes befindet.[43])

Einen alten Palmettentypus, der auf die Gipsornamente beschränkt zu sein scheint, repräsentieren einige Fünfblätter mit tiefeingezogenen, spitzen Blattwinkeln. Abb. 2 E stammt von Schriftbändern des südlichen Teiles der Maqsura. Wir begegnen diesem Blattypus häufig auf Denkmälern der frühislamischen Kunst.[44]) Von Kairener Monumenten seien besonders erwähnt die beiden wenig beachteten Qiblen der Moschee Ibn Tuluns, von denen die eine (Tafel XI 2) wahrscheinlich der ersten Hälfte des 10. Jahrhunderts angehört,[45]) während die andere etwas jünger ist (Tafel XV). Auch in der Ashar-Moschee werden wir diese Palmettenart wieder antreffen, während sie in den späteren Fatimidenbauten nicht mehr vorkommt.

Schliesslich müssen noch die wenigen freien Ornamente erwähnt werden, Ornamente, die weder mit den Buchstaben noch mit den parallelen Stegen der Schriftbänder verbunden sind. Sie haben lediglich den Zweck, ergänzend für die gleichmässige Raumfüllung zu sorgen. Zu diesen freien Füllmotiven gehören die fünf- und mehrblättrigen Rosetten, sowie die kleinen Kreisscheiben (vgl. Tafel III 2, rechts). Bei den letzteren könnte die Frage erhoben werden, ob es sich nicht um diakritische Punkte handle. Sie darf wohl verneint werden, da die runden Scheiben auch über solchen Buchstaben vorkommen, die nie punktiert werden. Wie die Schriftfriese von Ibn Tulun zeigen, gehören diese kreisrunden Füllmotive zu den ältesten Ornamenten des islamischen Schriftbandes.

Es war mir nicht möglich festzustellen, ob das früher besprochene tropfenähnliche Ornament mit der Zweiblattkrönung (Abb. 3 Mitte) auch bei den ältesten Schriftbändern vorkommt. Für die Annahme seines fatimidischen Ursprungs spricht der Umstand, dass der archaisierende Arbeiter des Mamlukenschriftbandes sich in der Ornamentik genau an die alten Vorlagen gehalten hat.

Ein kurzer Hinweis auf die Schriftbänder der Hakimtürme genüge, um ihren verschiedenartigen Charakter hervorzuheben. Die Schriftfriese der beiden Türme

[42]) Vgl. Prisse d'Avennes Nr. 28 und Riegl a. a. O. Fig. 165.

[43]) Diese Mauer gehört auch zu den Befestigungsarbeiten, die Bedr el-Gamali im Jahre 480 H ausgeführt hat; vgl. Notes d'A A S 54 und C. I A. S. 61 Pl. XVII 3 und Pl. XVIII 1. 2.

[44]) Vergl. Violet, Description du Palais de Al-Mutasim. 1909. Pl. XVI Fig. 1 und Un palais musulman du IXe siècle 1911 Pl. X, XIX 2 4. S. 28. In diesen Zusammenhang gehören auch die Fünfblätter aus dem Der es-Surjani Strzygowski, Mschatta Abb. 109.

[45]) Wenn man bedenkt, wie selten die Monumente des 10. Jahrhunderts sind, dürfte die Bemerkung von Franz Pascha (a a O. S. 12) schwerlich zu rechtfertigen sein.

zeigen einen hochentwickelten Typus des «coufique fleuri», der, was den Formenreichtum anbetrifft, weder von den Gipsschriftbändern der Maqsura noch von den gleichzeitigen Steinschriftbändern von Amida übertroffen wird.[46]) Das Schriftband des Nordturmes, das in jeder Hinsicht demjenigen des Südturmes überlegen ist, steht in Kairo ganz einzigartig da.[47]) Es unterscheidet sich wesentlich von den Schriftbändern in Gips durch die Verwendung anderer Palmettentypen und hauptsächlich auch durch die reiche Modellierung der Einzelformen. Die Schrift zeigt gleichfalls entwickeltere Formen. Man vergleiche die Ligaturen des Lam-Alif und des Allah mit den entsprechenden alten Buchstaben der Gipsornamentik (Tafel XXVIII 1. 2. und Abb. 4 B. C. D.). Eine gewisse Verwandtschaft mit der letzteren zeigt die Palmette über dem Worte Mansur (Tafel XXVIII 3.); die Umrisslinie der Palmettenlappen bildet nur den Rahmen für ein Dreiblatt, das wir oben schon kennen gelernt haben. Auch am Arabeskenfries desselben Turmes zeigt sich der Einfluss der Gipsornamentik. Hieher gehören die lanzettlichen gestielten Blätter, die in die mittleren Palmettenlappen eingezeichnet sind, und die Zweiblätter mit den runden Blattwinkeln, die gelegentlich den Rahmen der Seitenlappen sprengen (vgl. Tafel XX 1.).

2. Die Ornamente der Gipsgitter und Flachnischen.

Franz Pascha erwähnt als Zeugen der einstigen ornamentalen Ausstattung der Moschee neben den Schriftfriesen noch die kleinen Gipsgitter in einfachsten Entrelaksmustern und wenige Exemplare der durchbrochenen Zinnen. Wären nur die genannten Überreste erhalten, so könnten wir uns unmöglich ein Bild von der Gipsornamentik machen. Wir haben nur ihre Elemente in den Schriftbändern kennen gelernt und können die Verbindung zu grösseren Kompositionen nicht erraten. Glücklicherweise ist das Inventar unvollständig.

An der Qiblawand links vom Mihrab sind zwei fensterartige Gitterbogen[48]) angebracht, von denen einer ganz, der andere wenigstens teilweise zum ältesten Bestand der Moschee gehört. Beide sind stark beschädigt und so oft übertüncht worden, dass die Feinheiten des Details leider nicht mehr zu erkennen sind. Sie stimmen überein einmal in der Rundbogenform und dann in dem Schriftband, das den äusseren Rahmen bildet.

Für das Alter der beiden Monumente spricht schon der Rundbogen. Er ist ein Charakteristikum der Gipsornamentik von El-Ashar, während er in der Hakim-Moschee bereits durch Spitzbogenformen verdrängt wird.[49]) Die umrahmenden Schriftbänder scheinen auch älter zu sein als der Schriftfries des Kuppelbaues; ihr ornamentaler Schmuck erinnert in seiner Einfachheit auffallend an einzelne Schrift-

Herr M. van Berchem, dem der Verfasser einige Schriftproben vorlegte, konnte feststellen, dass die Inschrift am nördlichen Turm historische Daten enthält.

[47]) Vgl. die Bemerkung von van Berchem a. a. O. S. 119

[48]) Der Verfasser konnte nicht feststellen, ob es sich hier um Lichtöffnungen handelt, da die äussere Umfassungsmauer der Maqsura nicht zugänglich ist

[49]) Der persische Spitzbogen kommt vereinzelt im südlichen Hakimturm vor Vgl Notes d'A A S 28 Anm. 1

bänder der Ashar-Moschee. Es wäre aber methodisch unrichtig, ihnen deshalb ohne weiteres ein höheres Alter zuzusprechen. Es darf nicht vergessen werden, dass der Schriftfries des Kuppelbaues ein selbständiges Zierglied ist, während die beiden umrahmenden Schriftbänder sich dem Gesamtdekor unterordnen müssen. Dieser Gesichtspunkt ist von grosser Bedeutung in einer Kunstrichtung, die auf die malerische Belebung der Fläche den Hauptakzent legt. Die malerische Qualität — der hellere oder dunklere Ton — eines Schriftbandes ändert sich entsprechend der Quantität des Ornamentes.[50]) Die Gesamtkomposition verlangte eine einfachere Ornamentierung, deshalb fehlt bei diesen Schriftbändern die entwickelte Ranke. Trotz der Übertünchung kann man noch feststellen, dass die Blattformen dieser Bänder sich mit den typischen Hakimblättern decken; die verbindenden Stege der Zwei- und Dreiblätter lassen sich allerdings nicht mehr erkennen.

Gehen wir nun über zu den Bogenfüllungen. In der besser erhaltenen findet sich ein altes Beispiel für den Wappenstil in der Schrift[51]) (vgl. Tafel V 2). Die streng symmetrisch angeordneten Buchstaben des «el mulk lillah» (Allah gehört das Reich) bilden ein festes architektonisches Gefüge, das von den uns wohlbekannten dünnstieligen Gabelranken durchsetzt ist. Besondere Beachtung verdienen die Lamschäfte. Die Lam des Artikels verbinden sich zu einem festonierten konzentrischen Rundbogen, diejenigen des Mulk zu einem gebrochenen Spitzbogen. Dass wir es hier mit einem Produkt der maghrebinischen Kunst zu tun haben, steht ausser Zweifel.[52]) Wann und wo das «coufique architectural» in dieser ausgeprägten Form zum ersten Mal aufgetreten ist, konnte der Verfasser nicht feststellen. Das von Marçais beigebrachte Material stammt aus dem Ende des 13. und der ersten Hälfte des 14. Jahrhunderts. Wir werden also wieder auf die Zeit der grossen Restauration vom Jahre 703 hingewiesen. Die verschiedenen Stilgattungen am gleichen Monument finden somit ihre natürliche Erklärung. Das zerbrechliche Gipsgitter wurde durch das Erdbeben zerstört, während der auf dem Mauerwerk angebrachte Schriftfries erhalten blieb.

Die Schriftbänder des Querschiffes hatten schon einen Hinweis auf die Kunst des Maghreb enthalten. In der Moschee Ibn Tuluns habe ich gleichfalls maghrebinische Schriftbänder gefunden. Bekannt ist das schöne Gipsfenster der Muayyad-Moschee aus der späteren Mamlukenzeit, das auch in diesen Zusammenhang gehört.[53]) Weitere Beweise für das Ausstrahlen der Kunst des westlichen Mittelmeerbeckens nach dem Osten wird vermutlich die Untersuchung der Moschee des Es-Salih Telajeh liefern.

[50]) Die Flachnische El-Afdals in der Moschee Ibn Tuluns bietet gute Musterbeispiele. Die Beobachtung gilt auch für Arabeskenfriese, Zwickelfüllungen etc. Vgl. Maqam Ali, Jahrbuch der K. P. Kunstsammlungen 1908 und Viollet.

[51]) Freundliche Mitteilung von Herrn van Berchem. Vgl. Amida S. 19.

[52]) Vgl. Les Monuments Arabes de Tlemcen par W. u. G. Marçais, Paris 1903. S. 255, „coufique architectural" Abb. S. 174, 219, 254 etc. Ferner Owen Jones, Alhambra 1. Pl. IX. 2. Pl. XXVI. und K. E. Schmidt, Cordoba und Granada, S. 64.

[53]) Manuel d'Art Musulman I, S. 12.

Trotz ihrer schlechten Erhaltung ist die Füllung des zweiten Rundbogens ungleich wichtiger für uns (vgl. Tafel V 1). Sie kann fast vollständig rekonstruiert werden. Das geometrische Gerippe der Gesamtkomposition ist ein bekanntes Muster ohne Ende: Ein zweistreifiges Flechtband bildet regelmässige Achtecksterne mit kreuzförmigen Komplementärformen. Der Fortschritt gegenüber der älteren Kunst des Islam zeigt sich in der Verbindung der vegetabilischen Ornamente mit dem geometrischen Flechtmuster. Dass wir es hier mit einem frühfatimidischen Flächenmuster zu tun haben, beweisen die Zweiblätter, die sich vollständig decken mit den Blattformen des grossen Schriftfrieses. Besonders charakteristisch sind die arabesken Zweiblattkombinationen, die zur Füllung der Kompartimente rechts oben benützt werden.

Genau entsprechende islamische Parallelen aus älterer Zeit sind mir nicht bekannt. Die grossen Bogenleibungen aus der Moschee Ibn Tuluns können aber zum Vergleich herbeigezogen werden. Auch dort überspannt ein geometrisches Flechtmuster die ganze Fläche, die Füllungen der einzelnen Kompartimente unterscheiden sich aber wesentlich von denjenigen unseres Rundbogens. Dort eine Menge von Einzelmotiven, die durch die Flechtbänder voneinander getrennt sind, hier eine einfache Zweiblattarabeske, die den geometrischen Rahmen überschneidet und die einzelnen Kompartimente miteinander verbindet. Diese Ueberschneidungen dürfen mit Recht als ein auffallendes Merkmal der entwickelteren Arabeske bezeichnet werden.[54])

Eine interessante fatimidische Parallele zu unserer Bogenfüllung besitzt das arabische Museum von Kairo (Tafel XXIII, 1.). Herz Bey hält die Holzskulptur für vorfatimidisch.[55]) Das Entrelaksmuster könnte natürlich einer früheren Epoche zugeschrieben werden: die einzelnen Blattformen und die Überschneidungen des geometrischen Flechtbandes sprechen unbedingt für fatimidischen Ursprung. Dass figürliche Darstellungen in der Fatimidenkunst häufig vorkommen, braucht wohl nicht besonders betont zu werden:[56]) für das geflügelte Fabelwesen der Achtecksterne sei an den berühmten Greif von Pisa erinnert.[57])

Man wird zugeben müssen, dass das besprochene Rundbogengitter entwicklungsgeschichtlich von grosser Bedeutung ist. Es ist das älteste sicher datierte Gipsornament Kairos, das uns den Weg zur klassischen Arabeske weist.[58]) Wenn es bisher nicht beachtet wurde, so ist es hauptsächlich seiner äusseren Unscheinbarkeit zuzuschreiben. Anders verhält es sich mit dem andern Hakim-Monument, das sich an einer Aussenwand des Kuppelbaues befindet. Dass es nicht früher ent-

[54]) Vgl. E. Herzfeld Islam I, S 58

[55]) Catalogue raisonné par Herz Bey. 1906. Seite 117 f. Nr. 25

[56]) Vergl. die Beschreibung des Chalifenthrones, Relation du Voyage de Nassiri Khosrau, C. Scheffer, S 158.

[57]) Manuel d'Art Musulman II, S. 221 ff.

[58]) Eine historisch orientierte Denkmalspflege sollte sich in erster Linie solcher Monumente annehmen Die Tünche müsste man entfernen, dann würde es sich lohnen, eine Kopie für das arabische Museum anzufertigen.

deckt wurde, ist einerseits dem Umstand zuzuschreiben, dass das breite Dach der Maqsura den Unterbau der Kuppel verdeckt und andererseits der niedrigen Einschätzung, die der architektonischen Kopie der Moschee Ibn Tuluns von jeher zu Teil geworden ist. Es schien sich nicht zu lohnen, das Bauwerk genauer zu untersuchen.[59])

Tafel VI zeigt die dem Moscheeingang gegenüberliegende Seite des Unterbaues der Kuppel.[60]) Ein Blick auf die beiden Spitzbogenreihen orientiert uns über

Abb. 5

den baugeschichtlichen Tatbestand. Die grösseren Bogen, von denen nur noch die Scheitel sichtbar sind, gehören dem ursprünglichen Hakimbau an, die kleinen einer viel späteren Restauration.

[59]) Die Entdeckung dieses einzigartigen Monumentes verdanke ich der Untersuchung der Schriftornamente. Das Schriftband an der fünften Arkadenwand konnte von unten nicht aufgenommen werden. Auf Umwegen und mit Hilfe einer Leiter gelangte ich auf das Dach der Maqsura und hier bot sich der überraschende Anblick, der auf Tafel VI wiedergegeben ist.

[60]) Die Fortsetzung des quadratischen Unterbaues über die achteckige Trommel hinaus ist auffallend. Der Übergang ins Achteck scheint äusserlich unvermittelt gewesen zu sein. Vgl. die späteren Kuppelbauten: Franz Pascha, die Baukunst des Islam, S. 104/5. Im Innern ist der Übergang aus dem Quadrat in die achteckige Trommel — wie in allen übrigen fatimidischen Kuppeln — durch Rundnischen vermittelt

Das Bogenfeld rechts mit seiner klassischen Tiefendunkelkomposition zeigt lauter Motive, die für die Dekorationskunst der Mamlukendenkmäler des siebenten und achten Jahrhunderts charakteristisch sind. Die schöngeschweifte polygonale Konfiguration, aus deren Spitze ein Dreiblatt hervorwächst, findet sich z. B. an den Füllungen des Mimbars der Moschee Es-Salih.[61]) Demselben Palmettentypus begegnet man in den Gipsornamenten der Moschee Daher Bibars, des Maristan Kalauns und der Medrese En-Nasir Mohammeds.[62]) Das mittlere Fenster, das von einem zweistreifigen, mit Knöpfen besetzten Wellenband umrahmt ist, zeigt noch die Reste eines polygonalen Flechtmusters. In der Moschee Daher Bibars wechseln auch vegetabilische Fensterfüllungen mit geometrischen.

Dass die Restaurationsarbeiten rasch gefördert werden mussten, sieht man an den umrahmenden Flechtbändern der beiden äusseren Bogen: die entsprechenden Flechtbänder der Moschee Daher Bibars sind viel sorgfältiger ausgeführt.

Der flüchtigen Restaurationsarbeit ist auch die Erhaltung der Dekoration des alten Bogenfeldes zuzuschreiben. Der vorgeblendete linke Bogen, ein genaues Gegenstück zum rechten, wie man aus den erhaltenen Fragmenten erkennen kann, war nur stellenweise durch eine lose Mörtelschicht mit der Rückwand verbunden:[63]) er konnte daher leicht zerstört werden.[64])

Der Stil der Bogenfüllungen, der Umfang der Restauration und die wenig sorgfältige Ausführung der Arbeit weisen uns wieder auf das Jahr 703 H.

Nun zur Hauptsache. Hinter dem Rahmen des linken Spitzbogens erscheint eine höchst eigenartige Dekoration (vgl. Tafel VII). Auf Abb. 5 sind die seitlichen Teile derselben, die durch den jüngeren Rahmen verdeckt werden, ergänzt.[65])

Die Einzelmotive haben wir mit einer Ausnahme auf den alten Schriftbändern kennen gelernt. Eine Bestätigung der oben aufgestellten Behauptung, dass die Schriftornamente in der Regel die charakteristischen Elemente des jeweiligen Stiles enthalten. Es sind die typischen Hakim-Zwei- und Dreiblätter mit ihren arabesken Kombinationen: die gefiederten Halbblätter, aus denen die vertikale Arabeske hervorwächst, decken sich im Blattschnitt mit dem Wirbelmotiv am Kuppelbau. Einen ungewohnten Eindruck machen nur die beiden grossen Halbblätter. Sie können als Erbstücke bezeichnet werden, die den Zusammenhang mit der älteren Kunst herstellen. Wichtig sind die verschiedenen Einkerbungen, durch welche die glatte Blattfläche differenziert und belebt wird. Die Dreieckpunkte sind früher schon erwähnt worden.

[61]) Vgl. Notes d'archéologie Arabe, S. 109.

[62]) Für das Jahr 703 vgl. Corpus I Tafel XXVI, 2.

[63]) Die weissen Flecke sind die Bruchstellen des herabhängenden Mörtels, den ich mit der Hand entfernen konnte. Tafel VII zeigt die mit dem Meissel beendigte Reinigung der Ornamente.

[64]) Die tiefen Löcher im linken und rechten Bogen sind erst in neuerer Zeit entstanden, Fragmente der alten Dekoration lagen noch im Schutte.

[65]) Die Ergänzung habe ich mit einiger Schwierigkeit an Ort und Stelle skizziert. Die Höhe des Bogenfeldes beträgt ca. 1,64 m, die Breite 0,90 m.

Was bedeutet nun die streng symmetrische Kombination der verschiedenen Einzelmotive? Es hält schwer, für dieses antinaturalistische Gebilde eine passende Bezeichnung zu finden. Man darf vielleicht am ehesten für die Gattung Baum in Anspruch nehmen. Es wäre dann eine fatimidische Parallele zum «Idealbaum der spanischen Miniaturisten der Karolingerzeit».[66]) Der Stamm dieses Arabeskenbaumes, dessen geradlinige Einkerbung die Symmetrie hervorhebt, ist aus Dreiblättern gebildet. In mittlerer Höhe spaltet er sich und bildet ein Spitzoval,[67]) das ein doppeltes Dreiblattmotiv umschliesst, über einer Abbindung folgt dann ein krönendes Dreiblatt.

Spitzovale werden in der Hakimornamentik häufig verwendet. An dem durchbrochenen Rundbogenfeld der Qiblawand umrahmen sie mehrmals die Kreuzungspunkte des Flechtmusters (Tafel V 1).[68]) Die stilistische Zusammengehörigkeit der beiden Monumente dürfte ausser Frage stehen.

Die Ranken, die paarweise vom Stamm abzweigen, verdienen besondere Beachtung.[69]) In ihrem eigenartigen Schwung — er erinnert an mesopotamische Formen — und in ihrer sicheren Führung zeigt sich der Fortschritt gegenüber der Tulunidenornamentik und der Kunst von El-Ashar. Von der technischen Sicherheit der Arbeit kann auf eine grössere Verbreitung dieser Gipsornamentik schliessen.

Man vergleiche z. B. die spitzbogigen Flachnischen an der Steinwand nördlich vom Eingang in die Moschee. Tafel XXII, 2 zeigt diejenige der rechten Seite. Das zentrale geometrische Motiv, das die Palmette mit den sich kreuzenden Halbblättern einrahmt, sowie der obere Abschluss der Nische sind Kompositionen, die wir auch in der reiferen Kunst des Islam antreffen könnten, die schwerfällige und unsichere Rankenführung dagegen ist ein deutlicher Beweis dafür, dass der Steinmetz die auf einer Grundfläche sich frei bewegende Ranke noch nicht meistern konnte. Unschön wirkt besonders der flachgedrückte obere Bogen. Die erstrebte Symmetrie ist nur teilweise erreicht, wie man aus dem Vergleich der Stile der unteren Vollpalmetten und der kreisförmigen Schleifen ersehen kann. Als Beleg für die ungeschickte Raumfüllung diene die rechte untere Ecke; die arabeske Verbindung der beiden Halbblätter verrät auch den Übergangsstil.[70])

Der Hinweis auf die Steinornamentik war notwendig, um die auffallende Verschiedenheit der Ornamentik in Gips und Stein zu zeigen. Nicht nur die Tech-

[66]) Vgl Riegl, Stilfragen, S. 320.

[67]) Zur Entstehung des Spitzovales vgl. Riegl, a. a. O. S. 330.

[68]) Vgl. auch den grossen Arabeskenfries an der Wand nördlich vom Eingang (Tafel XIX); die Palmettenstiele bilden Spitzovale, welche die Kreuzungspunkte des Flechtbandes umrahmen.

[69]) Die Ansätze der untersten Zweiblätter und der Ranken links und rechts von den gefiederten Halbblättern konnte ich nicht feststellen; sie hängen wahrscheinlich nicht mit dem Stamm zusammen. Bogenverbindung, wie beim Fenster der Qiblawand, ist kaum anzunehmen.

[70]) Da die einzelnen Teile der Flachnische wie auch sämtliche Arabeskenfriese vor der Versetzung bearbeitet wurden, sind sie vielleicht von verschiedenen Arbeitern hergestellt worden. So würden die auffallenden Abweichungen der symmetrischen Partieen eine teilweise Erklärung finden. Die Fenster des Nordturmes (vgl. Tafel XXVI u. XXVII) sind technisch und stilistisch reifere Arbeiten.

nik der Einzelformen, sondern auch der allgemeine Stil differenzieren sich im andersgearteten Material. Dabei handelt es sich nicht um nebensächliche durch das Material bedingte Unterschiede, sondern um eine andere Formensprache.

Sind nun die beiden Stilgattungen zu gleicher Zeit und am gleichen Ort, also auf kairenischem Boden, unabhängig von einander entstanden oder ist der eine oder andere Stil aus dem Auslande importiert worden?

Es ist immer misslich, wenn Fragen von solcher Tragweite auf Grund einiger weniger Monumente beantwortet werden. Man gerät dabei leicht in Gefahr, willkürlich zu konstruieren. Man abstrahiert von einzelnen Monumenten, die vielleicht gar nicht typisch sind, einen Stil und muss dann der Wirklichkeit, die unendlich viel reicher ist als die Abstraktion, Gewalt antun. Die Hakimtüre, die lange Zeit hindurch als Hauptvertreter unserer Periode galt, ist mit Schuld an der Konstruktion eines willkürlichen Hakim-Asharstiles.

Nach dem eben Gesagten könnte der Einwand erhoben werden, die beiden Monumente genügten nicht, um uns ein zuverlässiges Bild vom Stil der Hakim-Gipsornamente zu machen. Wenn wir sie aber im Zusammenhang mit den reichen Schriftbändern betrachten, so ergibt sich ein geschlossenes Ganze von erstaunlicher Originalität. Immerhin dürfen wir aus einer so schöpferischen Zeit noch manche Überraschungen erwarten. Eine solche wird uns die Freilegung der rechten Nische am Unterbau der Kuppel bereiten. Tafel XXII 4 gibt einen kleinen Ausschnitt der alten Dekoration, die hinter der Tiefendunkelkomposition vom Jahre 703 H. verborgen ist. Der gefiederte Blattypus, der am unteren Teil der linken Nische vereinzelt vorkommt, scheint hier vorzuherrschen. Auch hier ist ein symmetrischer Aufbau zu erwarten. Die dünnen Rankenstiele, die am Ansatz des mittleren Blattes paarweise entspringen und in kreisrundem Schwung sich nach unten wenden, lassen auf eine eigenartige Komposition schliessen.[71])

Einleitend ist schon auf den Zusammenhang der Hakim- und Ashar-Moschee hingewiesen worden. In der Ornamentik der Ashar-Moschee werden wir die Antwort auf eine der vorhin gestellten Fragen erhalten.

[71]) Hoffentlich wird sich das Comité de Conservation bald dieses wichtigen Monumentes annehmen. Die Restaurationsarbeit Bibars könnte ins arabische Museum übertragen werden. Allerdings müsste auch für den Schutz der alten Dekoration gesorgt werden, da man von der südlichen Ecke der Moschee aus unbemerkt auf das Dach der Moschee gelangen kann.

Die Ornamente der Ashar-Moschee.

El-Ashar, die älteste Fatimidenmoschee, die von Gauhar, dem General des Kalifen El-Muiss im Jahre 359 H begonnen und im Jahre 361 H beendigt wurde, unterscheidet sich architektonisch von der Moschee Ibn Tulun hauptsächlich durch ein anderes Stützensystem, durch die Einführung eines Querschiffes und durch die Verwendung des sogenannten persischen Spitzbogens.[72]) Weniger bekannt ist die verschiedenartige Flächendekoration.[73]) Die Ornamente im Innern der Eingangskuppel, die Saladin im Manuel abgebildet hat, repräsentieren nicht den ursprünglichen Asharstil.[74]) Die frühere Übertünchung ist wohl schuld an der unrichtigen Beurteilung. Damit kommen wir auf die Erhaltung der Ornamente zu sprechen. Sie zerfallen in drei Gruppen.

A. Die Mehrzahl der Ornamente an der gegen den Sahn geschlossenen Maqsurawand sind Nachbildungen der alten Originale,[75]) und daher fallen sie für die Detailuntersuchung ausser Betracht. Man kann nur noch feststellen, was für Motive für die Flächendekoration verwandt wurden und allgemeine Stilunterschiede erkennen.

B. Eine zweite Gruppe bilden die durch häufige Übertünchung entwerteten Zwickel- und Bogenfüllungen des Querschiffes und der Seitenwände. Auch sie dürfen einstweilen nur mit Vorsicht gebraucht werden.

C. Einwandfreie Zeugen des älteren Asharstiles sind die wenigen von Tünche gereinigten Ornamente im südlichen und nördlichen Teil der Maqsura.

I. Die Schriftornamente.

Es ist einstweilen fast unmöglich ein einigermassen genaues Inventar der Schriftornamente aufzunehmen. Nur ein verschwindend kleiner Bruchteil befindet sich in Gruppe C. Hieher gehören die Schriftbänder, die die Rundbogenfelder an

[72]) Vgl. van Berchem a. a. O. S. 20 und 23 und Franz Pascha, Kairo, S. 25. Es muss übrigens betont werden, dass die Spitzbogen grosse Verschiedenheit aufweisen, das typisch persische Profil findet sich nicht im Innern der Moschee (vgl. Tafel XXI. 1.)

[73]) Seit Jahren ist es verboten, in der Moschee zu photographieren; selbst beim Zeichnen kann man unliebsame Erfahrungen machen. Trotzdem ist es mir gelungen, mit Hilfe eines kleinen Taschenapparates das wichtigste Material aufzunehmen. Ein Tarbusch, etwas Vulgärarabisch und freundlicher Verkehr mit den Eingeborenen werden wohl auch in Zukunft Aufnahmen ermöglichen.

[74]) Manuel d'Art Musulman I, Fig. 54, S 89 und 94.

[75]) Franz Pascha a. a. O. S. 25.

der südlichen Qiblawand umrahmen.[76]) Ihre Dekoration ist einfach und unterscheidet sich kaum von derjenigen der Hakimrundbogen. Sie besteht aus Zweiblättern, die aus den horizontalen Endigungen der Buchstaben hervorwachsen und aus eingestreuten runden Scheiben. Einmal entspringt eine T-förmig gesprengte Palmette am oberen Steg des Schriftbandes[77]) (vgl. Tafel XIII).

Die zum Teil gut erhaltenen Schriftbänder am quadratischen Unterbau der Eingangskuppel beweisen allein schon, dass der Kuppeldekor eine fatimidische Restauration ist.

Ein genaueres Bild des ursprünglichen Asharstiles geben uns die Schriftbänder, welche die Bogenlinien des Querschiffes umsäumen (Abb. 6. S.). Gegenüber den Hakimbändern fällt auf, dass hier neben den kreisrunden Scheiben[78]) eine Anzahl freier Füllmotive vorkommen, die an den späteren Fatimidenbauten nicht mehr zu finden sind (Abb. 6. A. B.). Sie sprechen wohl in erster Linie für das Alter dieses Schriftdekors. Eine Einzelbeschreibung ist zwecklos, solange die verschiedenen Tüncheschichten nicht entfernt sind. Die in Abb. 7 und 8 reproduzierten Proben wurden in der Moschee skizziert.

Abb. 6

Neben den einfachen Zwei- und Dreiblättern begegnet man auch dem zwei- und mehrblättrigen gesprengten Palmettentypus. Besonders hervorzuheben ist aber das Auftreten der Wellenranke.[79]) Sie ist in der Ashar-Moschee noch gedrungener als in den Hakimschriftbändern, gleicht aber der Wellenranke an der Inschrift der wohlbekannten Hakimtüre, die sich jetzt im arabischen Museum befindet (vgl. C. I. A. Pl. XVI No. 1). Beim Vergleich mit der Hakim-Moschee darf die prinzipielle Verschiedenheit der Ashar- und Hakimschriftbänder nicht vergessen werden. In der Ashar-Moschee ist das Schriftband nicht alleinstehendes Ziermotiv, sondern gliedert sich als Bordüre dem teppichartigen Gesamtdekor an.[80])

[76]) Vgl. P. Coste, Architecture Arabe Pl. VII und den Grundriss der Moschee von Franz Pascha, Bädeker 1902, S. 45; hinter der Wand befindet sich der Riwak es-Sudanijin.

[77]) Man vergleiche die entsprechende Einfachheit der Schriftornamente an den gleichzeitigen spanischen Elfenbeinarbeiten des South-Kensington Museums. An der wundervollen Pyxis des Prinzen Almoqueira (967 A. D.), die im Louvre aufbewahrt ist, entspringen die Einzelblätter auch am oberen Steg des Schriftbandes.

[78]) Einzelne Kreisscheiben zeigen ein Bohrloch, sie können also auch Rosetten sein.

[79]) Das Coufique fleuri tritt demnach schon in der zweiten Hälfte des vierten Jahrhunderts auf, jedenfalls früher als Herzfeld anzunehmen scheint, vgl. Orient. Lit. Ztg. 1911 Nr. 9. S. 432.

[80]) Über die décoration tapissante vgl. van Berchem, Journal des Savants Févr. 1911, S. 66.

II. Die Ornamente der grösseren Wandflächen der Maqsura.

In der Gipsornamentik der Hakim-Moschee haben wir nur Schriftfriese und Bogenfelder kennen gelernt. Vom Dekor grösserer Wandflächen können wir uns keine Vorstellung machen. Die Ashar-Moschee dagegen gibt uns ein zusammenhängendes Bild, das für die frühfatimidische Flächendekoration als typisch gelten darf.

Wir beginnen mit der Pfeilerarkade, welche die Maqsura gegen den von Portiken umgebenen Sahn abschliesst Trotzdem ihre Ornamente nur Nachbildungen der Originale sind, verdienen sie eine kurze Erwähnung. Vergleicht man die Zwickel der auf Säulen ruhenden Bogen an beiden Enden mit den übrigen Zwickelfeldern, so erkennt man ohne weiteres einen wichtigen stilistischen Unterschied: bei diesen dichte Raumfüllung und Tiefendunkelkomposition, bei jenen Kontrastieren von Ornament und heller Grundfläche. Am nördlichen und südlichen Ende dieser Wand finden sich nun baumartige Gebilde, deren Verwandtschaft mit dem Hakim-Arabeskenbaum unverkennbar ist. Auch in den einzelnen Blattformen zeigen sich Parallelen, sie dürfen aber nicht geltend gemacht werden, da die Nachbildung der Originale im Detail nicht zuverlässig ist. Die vereinzelten Akanthuskelche z. B. sind dem reproduzierenden Künstler zuzuschreiben, dem das Motiv des Originals nicht bekannt war.[81]) Handelt es sich also um die Feststellung der von Hakim in der Ashar-Moschee ausgeführten Restaurationen, so wird man in erster Linie auf diese Zwickelfelder verweisen dürfen.

Eine Palmbaumdarstellung des älteren Stiles muss noch erwähnt werden: aus einer zweistreifigen Herzfigur, die mit Dreiblättern gefüllt ist, entspringt ein aus Flechtbändern gebildeter Stamm mit stilisierten Wedeln und Früchten.[82])

Auf sichereren Boden gelangt man beim Übergang zur Ornamentgruppe B. Tafel VIII zeigt einen Teil der alten Pfeilerarkade, deren ursprünglicher Schmuck einer modernen Restauration zum Opfer gefallen ist. Da nur wenige derartige Dokumente erhalten sind, verdient diese Reproduktion besondere Beachtung.[83]) Sie darf als einwandfreier Beweis für die einheitliche Dekoration der Maqsurawände geltend gemacht werden. Denselben Motiven werden wir an dem Rest der alten Qiblawand im südlichen Teil der Moschee wieder begegnen. Nach dem Bilde, das in dem Kielbogen erscheint, kann man schliessen, dass diese Pfeilerwand sich an die nordöstliche Seite des Unterbaues der Eingangskuppel anlehnt;

[81]) Es ist mir nicht möglich gewesen festzustellen, wann die Nachbildungen entstanden sind. Auffallend ist, dass in dem bekannten Werk von P. Coste die Palmettenmotive des Ibn Tulunfrieses auch als Akanthuskelche wiedergegeben sind; vgl. die verkürzte Reproduktion derselben auf Tafel VI.

[82]) Eine Monographie über islamische Baumdarstellungen dürfte diese Palme nicht übersehen. Material aus verschiedenen Gebieten der Kleinkunst ist reichlich vorhanden Eine spanische Elfenbeinarbeit des South Kensington Museums zeigt eine schöne Parallele zu dieser Asharpalme; sie stammt auch aus dem vierten Jahrhundert H.

[83]) Die Originalplatte, die vor 30–40 Jahren entstanden sein mag, hat der Verfasser bei einem alten Photographen in Kairo erworben

sie bildet also die Rückwand der modernen Dikke. Glücklicherweise lassen die Tüncheschichten noch ziemlich viel Detail erkennen.

Was zunächst auffällt, sind die verschiedenartigen Bogen. Die Architektur verwendet den schon erwähnten persischen Spitzbogen, die Dekoration den Rundbogen. Dass die Rundbogen ein Merkmal der frühfatimidischen Gipsornamentik sind, ist oben schon betont worden. Beide Bogen sind von Schriftbändern umrahmt. Das eine bricht an den Knickungen des Spitzbogens ab, während das andere das ganze Rundbogenfeld umrahmt. Ob beide Schriftbänder der gleichen Zeit angehören, kann wohl nicht mehr entschieden werden. Die Zwickelfelder, die durch die Bogen und den abschliessenden Arabeskenfries gebildet werden, sind mit kreisrunden Bossen und dichtem, langstieligem Rankenwerk gefüllt. Die Blattformen zeigen Palmettencharakter. Deutlich zu erkennen ist eine fünfblättrige Halbpalmette rechts vom Spitzbogenscheitel. Während die Palmetten flach gehalten sind, zeigen die Zapfenmotive durchweg runde Modellierung. Das Streben nach symmetrischem Aufbau der Ornamente ist am breiten Zwickelstreifen links unten erkennbar, deutlicher zeigt es sich im Rundbogenfeld. Die Untersuchung der Einzelmotive wird erst an der Qiblawand möglich sein.

Zusammenhängende Rundbogen lernen wir an der dem Mihrab gegenüberliegenden Wand des Querschiffes kennen (vgl. Tafel XI. 1.). Sie sind paarweise angeordnet zu Seiten eines durchbrochenen Bogens, dessen Überreste auf eine spätere Restauration schliessen lassen. Ein rechtwinklig gebrochener Palmettenfries vermittelt die Verbindung der beiden Bogenpaare und sorgt zugleich für die rhytmische Gliederung der Fläche, indem er langstreifige Zwickel zu beiden Seiten der Bogen entstehen lässt. Die Füllung der Zwickelstreifen wird von einer aufsteigenden Reihe von fünflappigen Vollpalmetten bestritten; ihre seitlichen Ergänzungen nach dem Prinzip des unendlichen Rapports ergeben ein altertümliches Flächenmuster. Entwicklungsgeschichtlich wichtiger ist der rechtwinklig gebrochene Palmettenfries; seine vertikalen und oberen horizontalen Teilstücke sind zusammengesetzt aus freien (d. h. unverbundenen) Halbpalmetten, deren Spitze in ein Halbblatt auswächst. Die kurzen Rankenstiele legen sich als glatte Umrisslinien um die Seitenlappen und brechen dann am mittleren Blattfächer ab. Dasselbe Motiv füllt im Maqam Ali die Zwickelstreifen des Rechteckfeldes in Gebetsteppichform.[84]) Besonders zu beachten sind die schönen Ecklösungen unseres Frieses vermittelst diagonalgestellter fünflappiger Vollpalmetten. In der Moschee Ibn Tuluns stossen die Ornamentstreifen meistens unvermittelt aufeinander.[85])

[84]) Vgl. die Abbildung von Sarre, Jahrbuch d. K. P K. 1908 und Viollet Pl. VI Fig. 3. Auch die Zweiblätter in der Doppelranke erinnern an die frühfatimidischen Formen. Gegen die Datierung Herzfelds (12. Jahrhdt) sprechen die Fragmente des grossen Schriftfrieses und verschiedene Einzelmotive der Gebetsnische. Dass Herzfeld das von Sarre publizierte Material durch neue Detailaufnahmen ergänzt hat, ist sehr erfreulich. Die kleinen Reproduktionen im Jahrbuch sind teilweise irreführend. Aus der Detailaufnahme von Viollet Pl. VI, Fig. 2 ersieht man, dass der breite Fries keine Dreipassbogen besitzt (vgl. die Analyse von Sarre).

[85]) Vgl. Islam I, S. 54 Der Satz darf nicht verallgemeinert werden; verschiedene Holzsoffiten zeigen diagonale Kompositionen.

Die Dekoration der Rundbogenfelder variiert im Detail, zeigt aber dennoch einen einheitlichen Charakter. Die Zapfenmotive, die wir auf Tafel VIII kennen gelernt haben, fehlen hier vollständig. Ob daraus auf eine verschiedene Entstehungszeit geschlossen werden darf, kann einstweilen nicht entschieden werden. Das Bogenfeld, das auf Abb. 7 wiedergegeben ist, mag als typischer Vertreter der ganzen Reihe gelten. Es befindet sich rechts neben dem durchbrochenen Bogen und wurde von der Dikke aus skizziert.

Die Ornamente der symmetrisch angelegten Komposition lassen sich in zwei selbständige Gruppe teilen. Die eine Gruppe bildet das kandelaberartige Gebilde,

Abb. 7

durch das die Bogenachse geht, die andere besteht aus zwei unregelmässigen Wellenranken, die aus den unteren Ecken hervorwachsen. Das Kandelabermotiv mit seinen arabesken Dreiblattkombinationen ist streng symmetrisch, während die Einzelformen der Ranken sich nicht genau entsprechen.

Halten wir nun die beiden Bogenfelder von Abb. 5 und 7 nebeneinander, so erkennen wir in den Einzelmotiven ohne weiteres die Verwandtschaft zwischen der Hakim- und Asharornamentik. Der Stamm des Arabeskenbaumes setzt die Blattkombinationen des Kandelabermotives voraus; die Hakim Zwei- und Dreiblätter erweisen sich als die direkten Nachkömmlinge der Asharblätter. Die genetische Erklärung des Hakimzweiblattes liefern die Blätter des zweiten Rankenpaares von unten: der ursprüngliche Kommaschlitz hat sich bis an den Rand des Mittellappens ausgedehnt, durch die Spaltung entsteht der neue Blattypus.[86]) Für die Entstehung des Hakimdreiblattes ist auf das oberste Rankenpaar zu verweisen, seine Blätter sind deutliche Halbpalmetten, die allerdings noch eine Umrisslinie zeigen. Damit ist die weiter oben angedeutete Ableitung vom Lotusblütenmotiv nicht ausgeschaltet. Die Halbpalmetten der Asharornamentik lassen sich oft kaum vom selbständigen Dreiblatt unterscheiden. Die kurzstielige, palmettisierte Schnörkelarabeske, in der die Ranke rechts unten endigt, sucht man vergeblich in den Gipsornamenten der Hakim-Moschee, in der Ashar-Moschee tritt sie noch häufig auf, scheint aber auf das Querschiff beschränkt zu sein.

Die Zwickelfelder des Querschiffes, das zu den ältesten Teilen der Moschee gerechnet wird, bilden den Hauptbestand der Ashardekoration. Auf Tafel IX und X 1. 2. sind die ersten Bogen links und rechts vom Eingang in die Maqsura wiedergegeben.

Die Arkadenzwickel der Hagia Sophia in Konstantinopel sind schon von Owen Jones als Grundlage der bei den Arabern und Mauren gebräuchlichen Verzierung der Oberflächen bezeichnet worden;[87]) Franz Pascha hat in neuerer Zeit betont, dass ihre Ornamente in der Linienführung auffallend an die der Asharzwickel erinnern, dass aber die Asharblätter das Bestreben verraten, sich von den byzantinischen Formen frei zu machen.[88]) Es dürfte sich deshalb empfehlen, auch den Gegensatz hervorzuheben. In den Asharornamenten sind die Rankenstiele weniger von Blättern durchsetzt und daher auch länger; dabei ist der kreisförmige Schwung so ausgeprägt, dass der Wellenrankencharakter bisweilen verwischt wird. In dieser Hinsicht erinnern die Asharzwickel mehr an einzelne Dreiecksfelder von Mschatta. Die Verschiedenheit der Blattformen ist noch auffallender. In der Sophienkirche ist der Akanthustypus vorherrschend,[89]) die Asharblätter dagegen haben ausgesprochenen Palmettencharakter. Und was besonders wichtig ist: auch die kurzstielige Schnörkelarabeske, die in Syrien und Mesopotamien ihre ältere barbarische Form bis ins sechste und siebente Jahrhundert H. bewahrt hat, ist hier schon palmettisiert.[90])

In der symmetrischen Rankenführung zeigt sich eine gewisse Übereinstimmung. Abb. 8, die den Scheitel des zweiten Bogens rechts vom Eingang wiedergibt, darf wohl als charakteristische Probe des ältesten Asharstiles angeführt werden. Das Bedürfnis nach Symmetrie drückt sich schon im Schriftornament aus, noch deutlicher spricht es aus den beiden Zwickelstreifen, deren Ranken sich über dem Bogenscheitel vereinigen und in einem gemeinsamen, T-förmig gesprengten Dreiblatt (Palmette) endigen.

[86]) Vgl. die Erklärung der Gabelranke von Riegl, a. a. O S. 307.
[87]) Grammatik der Ornamente S 56 ff., dazu Riegl a. a. O S. 281 ff.
[88]) A. a. O. S. 25.
[89]) Vgl. die neueren Abbildungen in C. Gurlitt, Die Baukunst Konstantinopels, S. 24 ff.
[90]) Die Palmettisierung der ursprünglich ungeteilten Schnörkelarabesken ist wahrscheinlich mit Schuld an ihrem frühen Aussterben.

Wo die Zwickel unsymmetrische Füllungen aufweisen, wird uns die Annahme späterer Restauration nahe gelegt. Eine solche liegt sicher vor in dem grossen Zwickel von Tafel X 1. Die viellappigen, mit Kommaschlitzen versehenen Palmetten, deren Stil und Technik von dem umgebenden Rankenwerk so stark abweichen, gehören nicht zur ursprünglichen Dekoration. Sie kommen nicht nur hier, sondern auch an der gegenüberliegenden Wand häufiger vor. Überall verraten sie sich als Fremdkörper durch die verschiedenartige Färbung, die sie der Fläche hervorbringen.

Welcher Zeit die Zwickel von Tafel X 1 angehören, kann nicht entschieden werden, solange ihre Blattformen noch übertüncht sind. Beachtenswert ist auf alle Fälle der Umstand, dass der mittlere Bogenzwickel, der wie die abschliessende Arkadenwand einen starken Riss zeigt, von einem unregelmässigen Rankenornament übersponnen ist, während die gegenüberliegenden Zwickel in der Stützen-

Abb. 8

achse symmetrische Kompositionen aufweisen. Auf Tafel X 2 finden wir wieder eine Folge von Dreiblättern mit mittlerem Schlitz, die an das zentrale Gebilde von Abb. 6 und an das Hakim-Motiv erinnern (vgl. Abb. 5). Die zeitliche Zusammengehörigkeit der Rundbogendekoration und der Zwickelornamente darf als sicher angenommen werden.

Was für Schätze in der Ashar-Moschee noch zu heben sind, ersieht man aus den zur Hälfte gereinigten Ornamenten an dem erhaltenen südlichen Teil der Qiblawand (vgl. Tafel XII und XIII). In formeller Hinsicht bietet diese Wanddekoration nichts Neues. Die breite Fläche erhält ihre Gliederung durch eine Reihe von Rundbogenfeldern, die durch umrahmende Schriftbänder unter einander verbunden sind. Den horizontalen oberen Abschluss bildet ein Zierband, das die Scheitel der Bogen berührt und regelmässige Zwickel entstehen lässt. Diese Hauptzüge sind uns schon auf Tafel XI begegnet; die genauen Detailformen lernen wir hier zum ersten Mal kennen.

a) Die Ornamente der Rundbogenfelder.[51])

Im mittleren Bogen erscheint ein geometrisches Muster ohne Ende (vgl. Tafel XII). Zweistreifige Rhomben bilden Sechseckstern e, die von Sechspässen und einfachen Kreisen umgeben sind.[52]) Weitere Varianten geometrischer und vegetabilischer Art besitzt die nordöstliche Maqsurawand (vgl. Tafel VIII 2 3). Ähnliche Gipsgitter finden sich an den Umfassungsmauern der Moschee Ibn Tuluns, sie dürfen aber nicht als Vorläufer betrachtet werden, da die Schriftbänder, die sie umrahmen, nicht tulunidisch sind.

Das Hauptinteresse beanspruchen die Bogenfelder links und rechts, die von vegetabilischen Ornamenten übersponnen sind. Die geometrisierende Tendenz ist unverkennbar. Die Bogenachse teilt beide Felder in zwei symmetrische Hälften: aus diesem Grunde wurden sie wohl nur teilweise von den Tüncheschichten gereinigt. In der Führung der zweistreifigen Ranken gleichen diese Bogenfelder den grossen Zwickelflächen des Querschiffes. Auch hier ist die kreisförmige Einrollung vorherrschend. Stilistisch unterscheiden sie sich hauptsächlich durch die vielen Zapfenmotive. Dass wir es mit einer Art Frucht zu tun haben, wird schon durch die runde Modellierung angedeutet: die Blattformen sind alle flach gehalten. Was für ein Vorbild dem Künstler vor Augen schwebte, kann ich nicht feststellen. Anhaltspunkte für die Bestimmung geben vielleicht die Einschnitte in der Längsrichtung der Zapfen, vgl. die beiden Zapfen zu Seiten des lanzettlichen Blattes in der Mitte des rechten Bogens (Tafel XII) und den Zapfen rechts oben auf dem linken Bogenfeld (Tafel XIII), der letztere könnte auch als Knospe aufgefasst werden. Die direkte Nachahmung eines bestimmten vegetabilischen Gebildes ist jedenfalls ausgeschlossen. In den Ansätzen der Zapfenmotive drückt sich der antinaturalistische Charakter dieser ganzen Ornamentik deutlich aus. Die Zapfen sitzen teilweise an den Ranken, sie wachsen aber auch nach arabesker Art aus den Halbpalmetten hervor oder werden als freie Füllmotive behandelt. Die meisten Kombinationen von Zapfen, Rankenstielen und Palmetten scheinen zufällig zustande gekommen zu   Der Künstler verwendet das schmiegsame Zapfenmotiv, um eine gleichmässige, dichte Raumfüllung zu erzielen. Doch kommen auch organische Verbindungen von Zapfen und Blättern vor, die nicht den zufälligen Raumverhältnissen ihre Entstehung verdanken. Ein Beispiel dieser Art schen auf dem rechten Bogenfeld links unten (vgl. Tafel XII): der Zapfen ist hier mit einem volutenartigen Kelch verwachsen. Ein Gegenstück findet sich auf dem linken Bogenfeld rechts oben (vgl. Tafel XIII): der gestielte Zapfen, der die Ranke überschneidet, sitzt auf dem runden Steg, der die beiden Blattlappen verbindet.

[51]) Da die Kamera auf dem Boden aufgestellt werden musste, erscheinen die Rundbogen etwas flachgedrückt. Es ist bemerkenswert, dass nur einfache Rundbogen für den Flächenschmuck der Azhar-Moschee verwendet werden. In den älteren islamischen Monumenten des Ostens sowohl wie des Westens treffen wir häufig kompliziertere Bogen.

[52]) Das klassische hexagonale Entrelaksmuster findet sich zum ersten Mal am Nordturm der Hakim-Moschee, vgl. Tafel XXVII, 4.

J. Strzygowski hat in seinem Mschattawerk[93]) interessantes Vergleichsmaterial zusammengestellt, das für die Bestimmung der Provenienz unserer Asharornamente von ausschlaggebender Bedeutung sein dürfte. Die bossierten Rosetten der Mschattafassade zeigen eine Fülle von Pinienzapfenmustern (vgl. a. a. O. S. 294); die Zapfenpalmetten von Abb. 92 stehen einzelnen Asharformen besonders nahe. Mit den Mschattaornamenten werden dann die Zapfenmotive des Kairuaner Mimbars[94]) (S. 315, Abb. 90) und die Stukkaturen des Deir es-Surjani (S. 342 Abb. 109) in Verbindung gebracht. Die letzteren sind für uns besonders wertvoll, da sie zeitlich der Ashar-Moschee am nächsten stehen. Im Rechteckfeld rechts auf Abb. 109 sehen wir einen Zapfen, der an dem rankenartigen Auswuchs einer Halbpalmette hängt; dieselbe Verbindung von Zapfen und Halbpalmette begegnet uns in der Ashar-Moschee (Tafel XIII, rechts unten).

Ob nun die Asharzapfen in der Fatimidenzeit neu importiert wurden, oder ob sie aus einem älteren mesopotamischen Import, wie er im Deir es-Surjani vorzuliegen scheint, sich weiterentwickelt haben, möchte ich auf Grund des wenigen Materials nicht entscheiden. Beachtenswert ist auf alle Fälle die Tatsache, dass diese rundmodellierten Asharzapfen weder in den Gipsornamenten der Hakimmoschee noch in einem andern Fatimidenbauwerk Kairos vorkommen. Sie dürfen daher wohl als Fremdlinge betrachtet werden, die sich auf ägyptischem Boden nicht eingebürgert haben.

Während die Zapfen im Umriss und in der Modellierung nur wenig von einander abweichen, überraschen uns die Blattformen durch die Verschiedenheit der Typen und ihrer Einzelmotive. Nachdem wir uns mit den Gipsornamenten der Hakim-Moschee vertraut gemacht haben, fällt die Orientierung nicht schwer: auf den ersten Blick erkennt man die nahe Verwandtschaft, die zwischen den Hakim- und Asharblättern besteht. Die meisten Asharblätter haben Palmettencharakter. Was sie besonders anziehend macht, ist der Umstand, dass sie uns mit aller Deutlichkeit das Entstehen neuer Blattformen vor Augen führen. Durch das spielerische Teilen und Zerlegen der überlieferten Halbpalmette ist eine Reihe von Zwei- und Dreiblättern entstanden, die in der Hakim-Moschee in bestimmter Auswahl und in neuen Kombinationen wiederkehren.

Die Asharblätter unterscheiden sich von den späteren Hakimblättern hauptsächlich durch die glatten oder gebrochenen Umrisslinien, welche die einzelnen Blattlappen äusserlich verbinden. Gelegentlich treffen wir schon den freieren Hakimtypus, so auf Tafel XII unten das Zweiblatt rechts neben der Zapfenpalmette und darüber ein Dreiblatt, das allerdings durch die Ranke eine glatte Umrisslinie erhält.[95])

Zu beachten sind dann die arabesken Blattverbindungen, die hier schon nicht

[93]) Jahrbuch der K. P. K. 1904.
[94]) Vgl. Saladin, la Mosquée de Sidi Okba Pl. XXVII, XXVI.
[95]) Zur Umrisslinie in der älteren Kunst vgl. Riegl a. a. O. S. 302 ff.

mehr den gedrungenen, schnörkelartigen Charakter aufweisen, den wir im Querschiff kennen gelernt haben (vgl. Abb. 7 rechts unten und Abb. 8). Damit hängt eine wichtige stilistische Erscheinung zusammen, die der älteren Kunst fremd ist: das Auftreten der Grundfläche. Die kurzstielige Tulunidenornamentik ist einflächig, die Asharornamente dagegen bewegen sich in freiem Schwung auf einer deutlich sichtbaren Grundfläche.[96])

Neben den vorherrschenden Zwei- und Dreiblättern verdienen einige abweichende Blattformen hervorgehoben zu werden. In der Mitte von Tafel XII befindet sich zwischen zwei Zapfen ein gefiedertes, lanzettliches Blatt, das nicht von der Palmette abgeleitet werden kann. Bei genauerem Zusehen entdeckt man, dass das scheinbar naturalistische Gebilde eine Kombination von zwei gefiederten Halbblättern ist, die sich um einen leicht geschwungenen Mittelstreifen legen. Dieselben gefiederten Halbblätter begegnen uns wieder an der nordöstlichen Maqsurawand (vgl. Tafel VIII 3 unten), dort legen sie sich um ein Spitzoval und wachsen in ein symmetrisches Rankenpaar aus.

Als ein Mittelding zwischen Gabelranke und Halbpalmette kann das Blatt bezeichnet werden, das von der obersten Ranke nach unten entsendet wird; die eine Blatthälfte endigt nach einer Abbindung in einem Zweiblatt.

Auf Tafel XIII rechts oben ist das Zweiblatt mit dem gestielten Zapfen schon erwähnt worden. Unmittelbar darunter ist eine Halbpalmette mit Zweiblattendigung, die wegen ihrer eigenartig gegliederten Volute Beachtung verdient. Eine ähnliche Gliederung weist die «Kelchpalmette» unter dem Bogenscheitel auf; sie erinnert an ein kompliziertes Samarraornament.[97])

Beiden Rundbogenfeldern gemeinsam sind die zahlreichen Punktornamente. In der Hakim-Moschee begegneten wir schon Dreieckpunkten, die mit der Tulunidenornamentik in Verbindung gebracht wurden.[98]) Hier finden wir neben einzelnen Punkten und Dreiecken noch Rosetten, die offenbar als Ueberbleibsel einer primitiveren Kunst aufzufassen sind.

Dass Punktornamente in der älteren islamischen Kunst häufig verwendet wurden, dürfte eine der oben erwähnten Qiblen in der Moschee Ibn Tuluns beweisen (vgl. Tafel XI 2). Auf diesem für Kairo fremdartigen Monument[99]) werden verschiedene Punktkombinationen als Streumuster verwendet, um die glatten Flächen zu beleben. Besonders deutlich zeigt sich diese Tendenz an den beiden äusseren Halbpalmetten und am Schriftband; über dem «Mohammed rasul» allein

[96]) Es lassen sich noch Spuren blauer Bemalung auf der Grundfläche erkennen.

[97]) Vgl. Viollet a. a O. Pl XV.

[98]) In diesen Zusammenhang gehören auch die kleinen Kreise der Ornamentbretter in Schrägschnitt, vgl. Strzygowski, Katalog No. 1243 und No. 2187 der Münchener Ausstellung.

[99]) Die massigen flügelartigen Halbpalmetten scheinen in Mesopotamien und Persien zu Hause zu sein Vgl die entsprechenden Formen von Deir es-Surjani und des Maqam Ali; ferner die Halbpalmetten am vermauerten Portal des Mausoleums Tschihil Duchteran in Damgan (Sarre, Denkmäler persischer Baukunst).

sind vier Punktrosetten eingestreut. Die spätere Kunst ersetzt diese primitiven Ziermotive bekanntlich durch geometrische Flächenmusterung und vegetabilische Ranken. Punktornamente sind auch auf anderem Material, besonders auf keramischen Erzeugnissen häufig zu finden, schon deshalb müssen sie hervorgehoben werden.

b. Die Ornamente der Zwickel.

Wie an der Rückwand des älteren Querschiffes (vgl. Tafel XI 1) sind hier die Bogenfelder so nahe aneinandergerückt, dass schmale Zwickelstreifen zwischen ihnen entstehen. In den spätern Fatimidenmonumenten Kairos ist diese Vorliebe für lange Zwickelstreifen nicht zu beobachten, dagegen scheint sie bei einer Anzahl mesopotamischer Monumente vorzuherrschen.[100]) Ob diese Uebereinstimmung zufälliger Natur ist, oder ob sie auf einen gemeinsamen Ursprung hinweist, kann wohl nicht entschieden werden. Die letztere Möglichkeit scheint mir wahrscheinlicher zu sein.

Als ein Hauptmotiv der jüngeren Asharzwickel müssen die Kreise mit flachen Bossen bezeichnet werden. Auf Tafel VIII sind sie uns schon begegnet. Dort lassen sich noch deutlich kleine Zapfenmotive auf den Bossen erkennen. An der nordwestlichen Maqsurawand, deren Ornamente Nachbildungen der alten Originale sind, bestreiten geometrische Motive die Füllung der Bossen: Drei- und Vierpässe, die sich durchsetzen, bilden Rosetten, wie sie auch auf koptischen Denkmälern vorkommen.[101]) Die beiden Bossen von Tafel XII und XIII zeigen vegetabilische Motive. In der Mitte ist eine Art Dreiblatt mit volutenartig gekrümmten Spitzen, um das sich drei Halbpalmetten legen, die unter sich verwachsen sind. Das originelle zentrale Motiv geht vielleicht zurück auf ältere Dreiblattformen, wie sie Viollet in Samarra gefunden hat. Die Samarrablätter zeigen schon die Tendenz, die Blattspitzen leicht zu krümmen.[102]) Die peripherischen Halbpalmetten sind eine typisch islamische Komposition.

Kreise und Bossen werden in den späteren Fatimidenmonumenten häufig zur Zwickelfüllung verwendet. Da schon am Mihrab Ibn Tuluns diese Zwickelmotive vorkommen, beruht ihre Beliebtheit wohl auf einer alten Tradition. Interessante Parallelen bieten die Steinornamente des rechteckigen Raumes in der Mauer des südlichen Hakimturmes (Tafel XXXIV 4).[103]) Auch hier sind Kreise in die Zwickel hineinkomponiert. Die grossen Halbblätter und die runden Schleifen, welche an die mit Pentagrammen gefüllten Kreise angehängt sind, machen den

[100]) Man vergleiche z. B die Flachnische El-Afdals oder die Rechteckfelder mit Spitzbogen an der Aqmarfassade und in der Moschee Salih Telajeh, wo solche Zwickelstreifen zu erwarten wären, mit Maqam Ali und seinen Verwandten. Die Holzqiblen der Sitte Rokaija und der Sitte Nefisse, wie auch die noch ganz erhaltene Qibla neben der Dikke in der Moschee Ibn Tuluns haben die Zwickelstreifen (vgl. Tafel XV).

[101]) Vgl. Mschatta, S. 267, Abb. 45.

[102]) Vgl. a a O Pl. XXI 1. 3.

[103]) Vgl auch H Saladin. Sidi Okba Pl. XXII Zwickel der Marmorplatte links vom Mihrab.

Eindruck des Schwerfälligen. Solche Zwickelkompositionen scheinen dem Steinmetzen nicht geläufig gewesen zu sein. Die Gipszwickel der Ashar-Moschee, die noch dichte Raumfüllung zeigen, sind ungleich gewandtere Kompositionen. Die vegetabilische Umrahmung der Kreise, die auf beiden Zwickeln verschieden ist, könnte der reiferen Kunst des Islam zugesprochen werden. Die Zwickelstreifen füllt eine regelmässige Wellenranke mit umrissenen Halbpalmetten, oben endigt sie in einer fünflappigen Palmette. Auf Tafel XII wird dann der Kreis von drei zur Hälfte gesprengten Vollpalmetten umschlossen, während auf Tafel XIII Halbpalmetten mit stark gekrümmten Voluten den äusseren Rahmen bilden. Das arabeske Verwachsen der sich begegnenden Blattspitzen ist beiden Varianten gemeinsam.

c) Die Ornamente der Friese.

Die rundlichen Zapfenmotive, die wir in den Zwickelfeldern vermisst haben, begegnen uns wieder auf dem die Wanddekoration abschliessenden Fries. Ihre Modellierung zeigt eine gewisse Vereinfachung (Stilisierung), da keinerlei Einschnitte vorhanden sind. Die vertikalgestellten Zapfen haben abwechslungsweise über und unter sich ein lineares Ornament von Kleeblattform. Flache Palmettenmotive besorgen die Füllung der seitlichen Zwischenräume. Entwicklungsgeschichtlich wichtig sind die beiden langstieligen Halbpalmetten am unteren Steg, da aus den Lappen, welche den Zapfen flankieren, das lineare Motiv hervorwächst. Diese Verbindung von vegetabilischen und geometrischen Motiven (Kleeblattbogen) ist am grossen Palmettenfries des nördlichen Hakimturmes schon mustergültig durchgeführt (vgl. Tafel XX 1. 2.). In der Ashar-Moschee herrscht noch das unvermittelte Nebeneinander der Einzelmotive vor.

Auf der entgegengesetzten Wand, deren ursprüngliche Dekoration Tafel VIII 1 teilweise wiedergibt, ist der altertümliche Charakter des Frieses noch ausgeprägter. Die kurzen Stiele der Palmettenmotive durchkreuzen dort die linearen Ornamente, ohne die einzelnen Blattlappen zu überschneiden. Man könnte deshalb versucht sein, die Ornamente der Qiblawand für jünger anzusehen, zumal da auch ihre Zwickelmotive stilistische Verschiedenheiten aufweisen. Trotzdem glaube ich, dass die Ausschmückung der Maqsurawände derselben Zeit angehört. Man darf in einer Übergangsperiode, die neue Formen schafft, keinen streng einheitlichen Stil erwarten.

Das Nebeneinander verschiedener Stilgattungen ist an der nordöstlichen Maqsurawand zu beobachten. Sie besitzt ausser dem oberen Fries, der sich mit demjenigen der Qiblawand deckt, noch Reste eines zweiten am unteren Abschluss der Wanddekoration. Dieser untere Fries, von dem Tafel XXIII 2 einen kleinen Ausschnitt gibt, könnte ein Produkt der Tulunidenkunst sein. Die gestielten Zapfen, die in einem Zweiblatt (?) endigen, teilen den Ornamentstreifen in selbstständige Kompartimente, die mit Palmettenmotiven gefüllt sind. Der altertümliche

Charakter wird noch akzentuiert durch das Fehlen des fortlaufenden Bandes. Es ist überhaupt auffallend, dass die Zierbänder der Asharmoschee im Gegensatz zu den entsprechenden Ornamenten der späteren Fatimidenkunst keine Banddekoration aufweisen.[104])

Die Asharornamente, die wir in der Maqsura kennen gelernt haben, dürfen wohl mit Ausnahme einiger Restaurationen und der oben erwähnten Zwickelfüllungen an den beiden Enden der nordwestlichen Maqsurawand als die Vorläufer der Gipsornamente der Hakim-Moschee bezeichnet werden. Es fragt sich nun, ob die Dekoration der Maqsura in ihrer Gesamtheit auf die Gründungszeit zurückgeht. Mit Sicherheit wird die Frage erst beantwortet werden können, wenn die Moschee einer gründlichen Restauration unterzogen wird.[105]) Die Annahme liegt nahe, dass das Querschiff noch unter El-Muiss seinen Schmuck erhielt, während die Maqsurawände von El-Asis restauriert wurden, vielleicht damals als er die Moschee zur Universität bestimmte. Die Hauptsache ist jedenfalls, dass wir ein Monument aus der zweiten Hälfte des vierten (zehnten) Jahrhunderts besitzen, um das wir neues, undatiertes Material gruppieren können.

III. Die Ornamente der Eingangskuppel.

Ausser dem Querschiff wurden die beiden Kuppeln bisher als die einzigen, ziemlich unverändert gebliebenen ursprünglichen Teile der Moschee angesehen.[106]) Es wurde schon oben darauf hingewiesen, dass die Gipsornamente der Eingangskuppel[107]) nicht als Repräsentanten des ursprünglichen Asharstiles angesehen werden dürfen. Sie gestatten uns vielmehr einen Ausblick auf die spätere Entwicklung der Gipsornamentik.

Tafel XIV gibt die Hauptmotive der Kuppeldekoration. Die sich gegenüberliegenden Wände des quadratischen Unterbaues stimmen in den Einzelheiten überein. Das Zwickelmotiv von Tafel XIV 2 befindet sich an der nordwestlichen und südöstlichen Wand, No. 1 an den beiden andern Wänden. Das durchbrochene Gipsgitter von No. 2 oben ist die moderne Nachbildung eines alten Musters. Obschon die beiden Zwickelfüllungen stilistische Verschiedenheiten aufweisen, liegt kein Grund vor, sie zeitlich zu trennen; die umrahmenden Schriftbänder haben einheitlichen Charakter.

Wir beginnen mit dem originelleren und altertümlicheren Zwickel (Tafel XIV 1). Das lineare Motiv besteht aus einem Kleeblattbogen, dessen Schenkel sich

[104]) Der durchbrochene Fries, der die Wandflächen der Hoffassaden abschliesst, gehört nur teilweise zum ursprünglichen Bau, vgl. Tafel XXI, 2. (Photographie Giuntini.) In den Steinornamenten der Hakimtürme werden wir das Band häufig antreffen.

[105]) Mit der sorgfältigen Entfernung der Tüncheschichten würde der Erforschung der frühfatimidischen Kunst ein grosser Dienst geleistet.

[106]) Vgl. Franz Pascha, Kairo S. 25 und H. Saladin, Manuel S. 89.

[107]) Die weniger gut erhaltenen Ornamente der Mihrabkuppel konnte ich leider nicht aufnehmen, da die Lichtverhältnisse zu ungünstig waren und ein Stativ nicht benützt werden durfte.

spiralförmig einrollen, dann nach links und rechts kleinere Spiralschösslinge entsenden und schliesslich in einer Halbpalmette endigen. Verschiedenartige vegetabilische Formen füllen die so entstandenen Kompartimente. Das Ganze ist eine streng symmetrische Tiefendunkelkomposition, die alle Merkmale der reiferen Kunst des Islam aufweist.

Die beiden Halbpalmetten in den grossen Spiraleinrollungen erinnern an ein bekanntes altes Asharmotiv; sie zeigen allerdings eine Bereicherung der Umrisslinien, die in der ursprünglichen Ashar- und Hakimornamentik nicht vorkommt: die Tropfenornamente.[108]) Die meist dreieckigen Tropfen, die fransenartig die Blattformen umsäumen, scheinen auf die Gipsornamentik beschränkt zu sein. Die ersten Ansätze dieser antinaturalistischen Zierweise finden sich schon am grossen Fries der Moschee Ibn Tuluns.[109]) Deutlich sind die Tropfenornamente zwischen den grossen Palmetten der «mesopotamischen» Qibla (Tafel XI 2) zu erkennen. Sehr häufig treffen wir sie dann in den Fatimidenmonumenten des 5. und 6. (11. und 12.) Jahrhunderts (vgl. Tafel XVI 2 unten, XVII und XVIII). Typisch fatimidische Formen enthält das vom Spitzbogen umrahmte Herzblatt auf der Zwickelachse. Es besteht aus zwei mit Tropfen versehenen Halbpalmetten, die ein gestieltes, mit Beeren besetztes Blatt umschliessen. Dieselben Halbpalmetten kommen am Gipsschriftfries der Aqmar-Moschee (519/1125) vor und leicht variiert am Palmettenfries über den kleineren Nischen der Qubba Ichwat Jusuf (vgl. Tafel XVIII). Die Beerenmotive sind in der Kairener Fatimidenkunst so häufig vertreten, dass keine Nachweise nötig sind.

Die Zwickelfüllung von Tafel XIV 2 ist eine fühlbar feinere Arbeit, die als klassisch bezeichnet werden könnte. Das Linienspiel ist graziöser und mannigfaltiger. Die einzelnen Blätter treten weniger aus der Gesamtkomposition hervor, da die weissen Flächen fast ganz vermieden sind. Das Mittel, mit dem der gleichmässige Farbton erzeugt wird, ist die vorwiegend geometrische Flächenmusterung, ein Verfahren, das der ursprünglichen Asharornamentik in dieser entwickelten Form noch fremd ist.

In der Moschee Ibn Tuluns begegnet man schon der malerischen Behandlung der Fläche durch einfache Punktierung. Die mesopotamischen Künstler scheinen sich seit alter Zeit der Flächenmusterung bedient zu haben.[110]) Die ungegliederten, breitflächigen persisch-mesopotamischen Palmetten begünstigten vielleicht ihre Verwendung. Den Höhepunkt der Entwicklung der Flächen-

[108]) Es ist kaum anzunehmen, dass diese Tropfen mit dem bekannten architektonischen Ziermotiv zusammenhängen; eine Beeinflussung durch Textilprodukte ist näherliegend

[109]) Vgl auch Viollet, a. a O Pl. XV

[110]) Vgl. Samarra Viollet a. a O Pl. XV XXI. Al-Gharrah, Islam I Tafel 4 Die Blätter zeigen Dreieckmusterung mit Punkten. Dass das Monument nicht unter dem Einfluss der ägyptischen Ornamentik steht, beweisen mit aller Deutlicheit die vorherrschenden Flügelpalmetten, vgl Text S 53 ff. Maqam Ali am Euphrat, gute Abbildung bei Viollet Pl. VI Fig. 2. Die schnörkelartigen Ornamente von Fig. 4 waren ursprünglich auch gemustert

musterung findet man in der Grabmoschee des Emir el-Giyuschi 478 H. (vgl. Tafel XVII). Die Gipsornamente der Qiblawand zeigen eine derartige Verfeinerung und Fülle des Details, dass eine weitere Steigerung unmöglich zu sein scheint. In den Monumenten des 6. (12.) Jahrhunderts bemerkt man tatsächlich schon eine Rückbildung im Sinne der Vereinfachung der einzelnen Motive. Die Qubba Ichwat Jusuf[111]) im Süden Kairos, die der ersten Hälfte des 6. (12.) Jahrhunderts angehört, darf auch hinsichtlich der Flächenmusterung als charakteristischer Zeuge der reifen Fatimidenkunst angesehen werden (vgl. Tafel XVIII).

Vergleicht man noch die Schriftbänder von Tafel XIV 1, 2 mit den entsprechenden Ornamenten von Fatimidenmonumenten des 5. und 6. (11. und 12.) Jahrhunderts, so kann der Kuppeldekor chronologisch ziemlich genau bestimmt werden. Das Schriftband, das den quadratischen Unterbau der Kuppel abschliesst, zeigt in den Blattformen und ihrer Musterung eine nahe Verwandtschaft mit den schon erwähnten Gipsornamenten der Aqmarmoschee: der Schriftfries, der den Bogenlinien folgt, erinnert mehr an Typen der Moschee Es-Salih Telajeh. Somit würden die Jahre 519—555 (1125—1160) den terminus ad quem bilden, den terminus a quo die Ornamente der Giyuschi-Moschee 478 (1085) (Tafel XVII) und der Qibla El-Afdals,[112]) 487 (1094). Der Kuppeldekor ist also wahrscheinlich in der ersten Hälfte des 6. (12.) Jahrhunderts entstanden.

Einleitend wurde schon auf die Charakterisierung der Fatimidenkunst in der «Genesis» E. Herzfelds hingewiesen. Was an den angeführten Stellen über das Fortleben der Tulunidenornamentik in der Hakim-Moschee, der Ashar-Madrasah und der abhängigen Monumente gesagt wird, muss gründlich revidiert werden. Das Tatsachenmaterial lässt sich unmöglich mit der theoretischen Konstruktion vereinigen. Von einer «Reduktion der unendlichen Variationen auf eine klassisch geringe Zahl von Formen» in der Art von Abb. 15 d. ist in der Ashar-Moschee nichts zu bemerken. In der Gipsornamentik der Hakim-Moschee tritt die Tulunidenkunst vollständig zurück. Ueberblickt man die Monumente des 5. und 6. (11. und 12.) Jahrhunderts,[113]) so muss man zugeben, dass die Tulunidenornamentik von ganz sekundärer Bedeutung ist, damit fällt auch die Exporttheorie dahin (Islam I S. 51).

Am längsten scheint sich die Tulunidenkunst in den Holzskulpturen gehalten zu haben (vgl. die beiden ursprünglichen Füllungen der Hakimtüre, Tafel XXIII, 3 und 4 und die Holz-Schliessen am Unterbau der Hakimkuppel, Tafel I). Doch mehrt sich bereits die Zahl der Monumente, die erkennen lassen, dass neben der

[111]) Herrn Ali Bey Bahgat vom arab. Museum verdanke ich die Bekanntschaft mit diesem bedeutenden Monument.

[112]) Vgl. Tafel XVI 2 und die Abbildung im C. I. A. Pl. XX No. 1 (vor der Restauration aufgenommen).

[113]) Es ist ausdrücklich zu betonen, dass die auf Tafel XIV, XVI—XVIII reproduzierten Fatimidenmonumente nicht etwa Nebenströmungen, sondern den Hauptstrom der Entwicklung charakterisieren.

primitiven Tulunidenkunst schon in frühfatimidischer Zeit neue Weisen in Holz geübt wurden, die bald die ältere Kunst verdrängten. Zudem ist zu beachten, dass Ägypten von alters her ein holzarmes Land war;[114]) es ist daher nicht sehr wahrscheinlich, dass ägyptische Holzarbeiter und Holzskulpturen ins Ausland wanderten. Die von Herzfeld zitierten Holzmonumente aus dem 6. (12.) Jahrhundert, die zum Teil rein tulunidische Kompositionen aufweisen, können also nicht von Ägypten beeinflusst sein.

Es liegt mir nun vollständig fern, etwa die entgegengesetzte Theorie aufzustellen und in der ägyptischen Fatimidenkunst überall mesopotamisch-persische Einflüsse zu postulieren. Durch die vorhandenen Monumente und die literarischen Zeugnisse wird man allerdings häufig auf den Osten als den gebenden Teil hinwiesen. Trotzdem scheint es mir verfrüht, jetzt schon bestimmte Theorien über das Verhältnis von Osten und Westen aufzustellen. Man hat eben erst angefangen, den gewaltigen Osten für die islamische Kunst zu erschliessen, und die Zahl der datierten Monumente aus älterer Zeit ist noch verschwindend klein. Es scheint mir daher, dass mit der Veröffentlichung von zuverlässigem Material der Erforschung der islamischen Kunst einstweilen noch ein grösserer Dienst geleistet wird als mit der Kombination neuer oder alter Theorien, denen eine solide materielle Basis fehlt. Das ist der Hauptgrund, weshalb ich, entgegen meiner ursprünglichen Absicht, schon jetzt die gesamten Steinornamente der Hakim-Moschee den Gipsornamenten als Vergleichsmaterial beigebe.

Kairo ist verhältnismässig arm an fatimidischen Steinskulpturen. Abgesehen von den Fassaden der Moscheen El-Aqmar und Es-Salih Telajeh existieren keine bedeutenderen Steinmonumente. Datierte mesopotamische oder syrische Steinornamente aus älterer Zeit sind mir nicht bekannt, und doch muss man nach den prächtigen Steininschriften von Amida schliessen, dass in Nordmesopotamien die Steintechnik hoch entwickelt war. Es ist deshalb zu hoffen, dass früher oder später in den östlichen Provinzen neues Material zum Vorschein kommen wird, das mit Ägypten in Verbindung gebracht werden kann.

[114]) Im arabischen Museum zu Kairo befinden sich mehrere Bretter mit Tulunidenskulpturen, die auf der Rückseite zum zweiten Mal bearbeitet worden sind.

Die Steinornamente der Hakim-Moschee.

M. van Berchem hat die einzigartige Bedeutung der ursprünglichen Hakim-Minarette schon im Jahre 1891 entdeckt.[115]) Nur ein verschwindend kleiner Bruchteil ihrer Ornamentik ist seither bekannt geworden. Die Tafeln XX, XXIV—XXXIV geben ein abgerundetes Bild von dem gewaltigen Reichtum von Formen, den die frühfatimidische Kunst auf die beiden Moscheetürme verschwendet hat.[116])

Obschon die architektonischen Formen hier nicht berücksichtigt werden, sei ein Hinweis auf die verschiedene Konstruktion der Türme gestattet. Der Nordturm ist zylindrisch und nur der Südturm zeigt das bekannte Schema: Viereck — Achteck — (?).[117]) Der Kern des Nordturmes ist prismatisch, derjenige des Südturmes zylindrisch; auch in der Wölbung der inneren Wendeltreppen unterscheiden sich die Türme. Wie die Architektur, so weist auch der äussere Schmuck grosse Differenzen auf. Der Nordturm ist seinem Gegenstück sowohl an Reichtum der Formen als auch an technischer Sorgfalt der Ausführung entschieden überlegen.

I. Das nördliche Minaret.

Wie oben schon bemerkt wurde, konnte M. van Berchem auf Grund der vorliegenden Schriftfragmente feststellen, dass die Inschrift des Nordturmes historische Daten enthält. Da der Name Mansur erwähnt wird (vgl. Tafel XXVIII 3), so darf man wohl annehmen, dass die Inschrift Hakim als Bauherrn bezeichnet.[118]) Der runde Nordturm steht auf einem Sockel von ca. 3,70 m Höhe, der mit geometrischen Zierbändern und Flechtbandrosetten geschmückt ist. Tafel XXIV 5 und XXV 3 geben die nordöstliche Seite. Das geometrische Flechtmuster setzt sich

[115]) Vgl a. a. O S 36 und S 123 und C. I A S. 51/52

[116]) Die technische Leitung des Waqf hat in den letzten Jahren den unteren Teil der Minarette vom Schutt reinigen lassen, der sich im Laufe der Zeit zwischen der Ummantelung Bibars' und den ursprünglichen Minaretten angesammelt hatte. Dadurch, dass die Steintreppen durch eiserne Konstruktionen ersetzt wurden, sind die Lichtverhältnisse im Innern bedeutend günstiger geworden. Immerhin mussten die meisten Aufnahmen mit künstlichem Licht gemacht werden.

[117]) Vgl H. Thiersch, Pharos S 113, H Prof. H Thiersch, dem ich mein Material vorlegte, hatte die Freundlichkeit, mich auf die allerdings ungenaue Skizze in den „Neuen Jahrbüchern", 1909 S. 359 aufmerksam zu machen.

[118]) Nach einer brieflichen Mitteilung von H Ali Bey Bahgat findet sich der Name Hakims tatsächlich auch am nördlichen Minaret

mit wenig Variation an der nach aussen gerichteten nordwestlichen Seite fort. An dieser Seite befindet sich Tafel XXV 4. Der zehneckige Stern (0,49 m Durchmesser), der aus zwei sich kreuzenden Fünfecken besteht, von denen eines durch kleine Kreise mit einem grösseren verbunden ist, enthält das Wort Allah. Der reich profilierte Sockel ist einzig in seiner Art auf kairenischem Boden.

Dasselbe gilt von der unislamischen Eingangstüre mit den seitlichen Pfeilern (Tafel XXIV 3). No. 2 gibt die linke Hälfte der Schräge über dem Türsturz.[119]) Man beachte die schöne rhythmische Gliederung der sich kreuzenden Wellenranken. Ornamentgeschichtlich wichtig ist die Umrahmung der Dreiblätter in der Mitte und in den beiden Ecken: die Ranke folgt dem Umriss der Blätter und nimmt gebrochene Bogenformen an, dadurch geht der vegetabilische Charakter verloren. No. 1 ist die rechte Hälfte der Eingangsinschrift, die linke ist fast vollständig zerstört. Das Schriftornament ist den Raumverhältnissen entsprechend einfach gehalten.

Ein Gegenbeispiel zu No. 3 bildet die Türe des südlichen Turmes, die architektonisch und ornamental viel primitiver ist. No. 4 zeigt die rechte Seite ihres Dekors (Türöffnung: 2,12 m × 0,98 m).

Auf einer Höhe von ca. 1,46 m über dem Sockel befinden sich zwischen zwei Wülsten scheibenförmige Zierstücke, die aus Flechtbändern und Inschriften bestehen (Tafel XXV 5).

Zum schönsten Schmuck, den der Nordturm besitzt, gehören die Fenster. Die drei untersten auf gleicher Höhe (Tafel XXV 1; XXVI 1 und 2, mit künstl. Licht aufgenommen) sind blind; wahrscheinlich erforderte es die Sicherheit, da sie nur einige Meter über dem Sockel angebracht sind.[120]) In der Komposition und in den Grössenverhältnissen stimmen sie überein (ca. 1,98 m × 1,45 m mit der Hohlkehlenumrahmung, die auf den Bildern leider fehlt.[121]) im Detail dagegen zeigt sich eine überraschende Variation.

Vom nördlichen Fenster (Tafel XXV 1) ist nur noch der unterste Teil des durchbrochenen Rechteckfeldes erhalten, der obere scheint der Füllung des mittleren Fensters entsprochen zu haben. Hervorzuheben ist am Schriftband die originelle Ecklösung mit ihrer arabesken Palmettenkomposition. Die umrahmenden Flechtbänder sind blau, der Grund dagegen ist rot.

Die obere Hälfte des mittleren Rechteckfeldes (Tafel XXVI 1) konnte ich mit den noch vorhandenen Bruchstücken teilweise rekonstruieren. Die fehlenden Ornamentteile lassen erkennen, dass das Ganze aus drei Steinplatten zusammengesetzt ist. Die abgebrochenen Voluten der Palmette im Spitzoval gehörten zur untersten Platte. Eine schöne frühfatimidische Holzskulptur des arabischen Mu-

[119]) Spuren roter und blauer Bemalung sind noch deutlich zu erkennen

[120]) Vor zehn Jahren waren diese Fenster noch im Schutt versteckt

[121]) Die Aufnahmen waren mit ziemlichen Schwierigkeiten verbunden, da mir nur zwei Leitern zur Verfügung standen und die Distanz zwischen der Minaretmauer und der Ummantelung sehr klein ist.

seums zeigt denselben Palmettentypus (No. 24 A). Der grosse Ring, der um das obere Ende des Spitzovals gelegt ist, begegnet uns mehrmals an der Fensterumrahmung von Tafel XXVII 1.

Die Fensterfüllung von Tafel XXVI mit der nach unten gesprengten Weinblattpalmette» ist schon oben erwähnt worden. Wie bei No. 1 so legen auch diese im Tulunidenstiel gemusterten Blätter die Vermutung nahe, dass die Steinskulpturen durch Arbeiten in Holz beeinflusst wurden. Hervorzuheben ist die eigenartige Wellenranke, die das Schriftband umrahmt. Das gewöhnliche Schema ist durch kleine kreisrunde Schleifen bereichert, von denen die unteren Halbblätter abzweigen. Das Bedürfnis nach rhythmischer Gliederung zeigt sich auch hier in der Betonung der Mitte der Bänder.

Von den Fenstern am oberen Teil des Turmes (Tafel XXVII), die sich auf verschiedener Höhe befinden, ist, soviel mir bekannt ist, nur No. 3 veröffentlicht worden.[122]) No. 2 gibt den rechten unteren Ansatz des Ornamentstreifens von No. der, soweit es möglich war, vom umgebenden Schutt und Mörtel befreit wurde. Die Palmette, deren abwärts geschwungene Seitenlappen sich berühren, ist eine auffallende frühfatimidische Form. Die Schriftbänder fehlen an diesen hochgelegenen Fenstern, dafür besitzen sie breite Palmettenfriese, die fast alle Blattypen enthalten, die in den fatimidischen Steinornamenten vorkommen.[123])

Die Verbindung von geometrischen und vegetabilischen Motiven ist hier mustergültig durchgeführt; besondere Beachtung verdienen die verschiedenen Ecklösungen.

Das dreistreifige hexagonale Entrelaksmuster von No. 4 (ca. 0,58 m × 0,53 m) ist ein Lieblingsmotiv der späteren Kunst; ein älteres sicher datiertes Beispiel ist mir nicht bekannt. Das ganze Fenster misst mit den runden Wülsten[124]) ca. 1,53 m × 2,40 m, ist also etwas grösser als die unteren Fenster.

Tafel XXVII 1 entgeht dem Besucher der Moschee, da es sehr schwer zugänglich ist. Die durchbrochene Arbeit der Fensterbrüstung zeigt ein eigenartiges Flechtbandmuster, das einen von einem Palmettenmotiv durchsetzten Fünfeckstern bildet.[125]) Ergänzt man das Muster nach links und rechts, so entsteht ein origineller Fries.

Ein kunsthistorisches Denkmal ersten Ranges ist der schon erwähnte Schriftfries, der auf einer Höhe von ca. 8—9 m um das Minaret gelegt ist (vgl. Tafel XXVIII 1—5 und XXIX 1—3). Er gehört zum Schönsten, was die islamische

[122]) Vgl. J. Strzygowski, Mschatta, Abb. 100. Durch die Fensteröffnung hindurch sieht man einen Teil des prismatischen Kernes des Turmes.

[123]) Es fehlt z. B. die Palmette von Tafel XXVI. 1.

[124]) Runde Wülste sind für den Nordturm charakteristisch, sie markieren die Teilstücke des sich verjüngenden Rundturmes; er gleicht einem auseinandergezogenen Teleskop.

[125]) Man wird durch diese oberen Fenster an fatimidische Metallarbeiten erinnert. Vgl. z. B. Migeon, Manuel II Fig. 188. Auf der Brust des Vogels ist ein regelmässiges durchbrochenes Flechtbandmuster, am Hals hinten eine Verbindung von geometrischen und vegetabilischen Motiven.

Kunst auf ihrem Spezialgebiet, dem epigraphischen Dekor, geschaffen hat. Mit den beiden parallelen Stegen misst das Band 0,77 m.[126]) Eine 0,19 m breite Borde mit einer sorgfältig gearbeiteten intermittierenden Wellenranke und ein Wulst begleiten das Band oben und unten (vgl. No. 2 Tafel XXIX), indem sie es zugleich hervorheben.[127])

Die Ligaturen von No. 1 und 2 sowie die Blattfüllung von No. 3 sind im Zusammenhang mit den Schriftbändern der Maqsura erwähnt worden. Besonders typische Palmettenornamente zeigen No. 4 und 5; man beachte die Modellierung der obersten Blattlappen. Unter den Blattformen dieses Frieses vermisst man auch den gefiederten Typus von Tafel XXVI 1.

Die harmonische Verbindung von Schrift und Ranke und die damit zusammenhängende Sicherheit in der Raumfüllung berechtigen zu der Annahme, dass diesem Schriftband längere Versuchsreihen vorangegangen sein müssen. Das entwickeltere «coufique fleuri» muss schon im vierten (zehnten) Jahrhundert geblüht haben, sonst wäre ein Band von dieser Vollkommenheit nicht denkbar.

Ebenso vollkommen in seiner Art ist der Arabeskenfries am oberen Teil des Turmes (Tafel XX 1 2; Breite: 0.52 m).[128]) Das uralte Schema der durch Bogenlinien verbundenen Palmettenreihe hat hier seine schönste islamische Ausbildung erhalten. Die organische Verbindung der vegetabilischen und geometrischen Motive, die wohltuende rhythmische Bewegung und die diskrete Variation der Einzelformen verleihen dem Fries den Charakter des Klassischen. Obschon hier nur zwei kleine Ausschnitte gegeben sind, so lässt sich doch erkennen, mit welcher Liebe der Künstler das Detail behandelt hat. Man achte auf die Abbindungen (No. 1 gibt zwei Varianten), auf die Füllung der Blätter, aus denen die Kleeblattbogen hervorwachsen (sieben Varianten auf No. 1 und 2!) und auf die Modellierung der «Weinblattpalmetten».

Den Abschluss der jetzt noch erhaltenen Dekoration des nördlichen Turmes bildet eine Reihe von Rosetten, die keine Merkmale der islamischen Kunst aufweisen (vgl. Tafel XXIX 4, 5, 6). Die Kreise haben einen Durchmesser von 0,57 m und sind 0,23 m von einander entfernt. No. 4 zeigt ein Pentagramm mit einem konzentrischen Kreis im Fünfeck, No. 6 einen Achteckstern, dessen Spitzen durch gebrochene Bogen mit einander verbunden sind, im Innern eine achtblättrige Rosette. Daneben kommen Sechsecke, Siebenecke (No. 5), Zehnecke und Vierecke mit eingesetzten Halbkreisen vor, lauter Motive, die aus der koptischen Kunst übernommen sind.

[126]) Auch hier wechseln rote und blaue Bemalung.

[127]) Der Vergleich dieser Wellenranke mit der entsprechenden vom südlichen Minaret (Tafel XXXI 2, 4) ist besonders instruktiv Hier ist die Ranke dreistreifig und schmiegt sich teilweise den Blattformen an, dort zweistreifig und glatt, in einfachen Zweiblättern endigend.

[128]) Auf Nr 1 und 2 sieht man deutlich, dass die Teilstücke des Frieses vor der Versetzung gearbeitet wurden. Die beiden Hälften der Dreiblätter, die aus den T-förmig auseinandergelegten Palmettenlappen hervorwachsen, passen vielfach nicht zusammen.

II. Das südliche Minaret.

Den Eingang des Südturmes an der Südostseite des viereckigen Untergeschosses haben wir auf Tafel XXIV 4 kennen gelernt. Die zwei sich kreuzenden Wellenranken, welche die Türöffnung umrahmen, zeigen unfreie, die zweistreifige Ranke durchsetzende Halbblätter. Eine etwas einfachere Variante zu diesem Band befindet sich am Arabeskenfries von Tafel XIX.

Links von der Türe sind noch die Reste eines aus zweistreifigen, vielfach gebrochenen Bändern bestehenden Frieses erhalten. Er bricht an der Ecke ab, während die parallel laufende intermittierende Wellenranke sich an der südwestlichen Seite fortsetzt (Tafel XXXI 2).

Gut erhalten ist der 0,45 m breite Arabeskenfries, der zwischen runden Wülsten und intermittierenden Wellenranken um den untersten Teil des Turme. gelegt ist. (Tafel XXXII 2, 3 und XXXI 2, 4; künstl. Licht). Das Hauptmuster, das aus geometrischen Flechtbändern und arabesken Palmettenverbindungen zusammengesetzt ist, gibt No. 3; eine Variante, durch das Umbrechen des Bandes bedingt, zeigt die linke Hälfte von No. 2. Auffallend ist die einfache technische Behandlung des Frieses: Bänder und Blattflächen sind glatt, die Ränder etwas abgerundet. Eine Ausnahme bildet nur die kleine Ranke auf der rechten Hälfte von Tafel XXXII 2. Es fragt sich nun, ob ursprünglich eine reichere Modellierung des ganzen Frieses in der Art von No. 2 beabsichtigt war, oder ob die Vereinfachung vom Künstler gewollt war. Musste vielleicht der Bau des Turmes schnell gefördert werden, so dass die sorgfältige Detailbearbeitung deshalb unterblieb? Ich wage nicht, eine bestimmte Antwort zu geben und begnüge mich mit der Feststellung der Tatsache, dass die Ornamente des Südturmes fast durchweg einfacher sind in der Ausführung als diejenigen des Nordturmes.

Die beiden Fragmente der intermittierenden Wellenranke (Tafel XXXI 2, 4, Breite: 0,23 m) geben noch Anlass zu einer Bemerkung technischer Art. Auf No. 4 links wächst eine Vollpalmette mit T-förmig auseinandergelegten Seitenlappen und kleinerem Mittelblatt aus den Ranken hervor, auf der rechten Seite dagegen endigen die ᔕ-förmigen Teilstücke der Ranke in Zweiblättern. Die Verschiedenheiten sind nur zu erklären durch die Bearbeitung der Steine vor der Versetzung.

Ein beliebtes fatimidisches Ziermotiv an grösseren Wandflächen müssen über Eck gestellte Vierecke gewesen sein.[120]) Je drei befinden sich auf gleicher Höhe über dem grossen Arabeskenfries (vgl. Tafel XXX 1, 2, 3 und XXXI 1, 3; künstl. Licht). In der Grösse stimmen sie überein (ca. 1,30 m×1,26 mit dem Band). Die Muster der umrahmenden Bänder lassen sich trotz der starken Zersetzung des weichen Kalksteines noch erkennen, sie bestehen aus intermittierenden Wellenranken (XXX 1, 2, 3) und geometrischen Motiven (XXXI 3 vgl. XXV 3). Ver-

[120]) Vgl. Tafel XIX unten und die Aqmarfassade (Franz Pascha, a. a. O. S. 31).

schiedenartige Flechtmuster, die wahrscheinlich koptischen Ursprungs sind, füllen die Viereck Bemerkenswert sind die Hakenkreuze auf Tafel XXXI 1 und 3.[130])

Ein zweiter etwas schmälerer Arabeskenfries (0,36 m mit den Stegen) schmückt den oberen Teil des quadratischen Untergeschosses (Tafel XXXII 1: künstl. Licht). Das mehrfach gebrochene syrische Band und die arabesk verwachsenen Palmettenmotive, die von einem Kompartiment ins andere übergreifen, sind typische Merkmale der reiferen Kunst. Auch dieses Band variiert im Detail. Statt der obersten Schleife findet man häufig gesprengte Dreiblätter mit sich kreuzenden Halbblättern; fünflappige Vollpalmetten wechseln mit siebenlappigen. Die Kompartimente sind abwechselnd blau und rot bemalt. Hält man diesen Palmettenfries neben den bekannten Fries der Moschee Ibn Tuluns oder neben die Asharbänder (besonders Tafel XXIII 2), so erkennt man auf den ersten Blick den gewaltigen Fortschritt, den die islamische Ornamentik im Lauf des vierten (zehnten) Jahrhunderts gemacht hat.

Während am Nordturm eine ganze Reihe grosser, reichverzierter Fenster angebracht ist, besitzt der Südturm nur kleine Fensteröffnungen (vgl. Tafel XXXIII 4; künstl. Licht).[131]) Die komplizierte Bogenform erinnert auffallend an die Dekoration der Qiblawand von Sidi Okba in Kairuan.[132])

Der epigraphische Dekor des Südturmes ist einfacher als derjenige des Nordturmes und weniger sorgfältig ausgeführt. Er besteht aus einem kleineren ca. 0,55 m breiten, mit einfachen Dreiblättern verzierten Schriftband,[133]) das oben und unten von einem Hängeplattenfries begleitet wird (Tafel XXXIII 4; künstl. Licht), und einem grösseren, das demjenigen des Nordturmes entspricht. M. van Berchem teilte mir mit, dass das obere 0,79 m breite Schriftband (vgl. Tafel XXXIII 1, 2, 3)[134]) den Namen Hakims enthält. Seine Ornamente sind zwar abwechslungsreicher als die vorhin genannten, doch sucht man unter ihnen vergeblich Formen wie auf Tafel XXVIII 3, 4, 5.

Auf der Südseite des Minarettes befindet sich in der hier ca. 1,72 m dicken Mauer ein reich geschmückter ca. 2,55 m hoher Raum von rechteckigem Grundriss (1,27 m × 1,11 m).[135]) An der nordöstl. und südwestl. Wand sind Nischen angebracht, wohl die ältesten islamischen Steinnischen, die Kairo besitzt (vgl. Tafel XXXIV 4, künstl. Licht: Höhe: 1,41 m, Tiefe 0,24).[136]) Die Ornamente auf beiden Seiten der Spitzbogen sind im Zusammenhang mit den Zwickelornamenten der

[130]) Vgl. zu Nr. 3 eine Füllung aus Ravenna (C. Diehl, Manuel d'Art Byzantin Fig. 87 rechts).

[131]) Ein zweiter Typus bei H Saladin, Manuel I S. 91.

[132]) H Saladin, Sidi Okba Pl. XXII, vgl auch Islam I Tafel 4 rechts unten und die Qibla aus der Moschee Ibn Tuluns Tafel XV; ferner die Hoffassade von El-Ashar (Tafel XXI, 2) und das äussere Band der Spitzbogennische von Tafel XIX.

[133]) Tafel XXXII 4 mit gütl. Erlaubnis nach Photographie von Ditrich Söhne, Kairo, reproduziert.

[134]) Vgl. die etwas ungenaue Zeichnung von A Gayet, L'Art Arabe Fig. 27.

[135]) Für die Bedeutung dieses einzigartigen Raumes konnte ich bis jetzt keine Erklärung finden. Als einfacher Durchgang zu einer Galerie hätte er wohl nicht den reichen Schmuck erhalten. Vielleicht diente er einer Laune Hakims.

[136]) Von flankierenden Ecksäulchen war keine Spur zu entdecken

Asharmoschee teilweise besprochen worden. Die unregelmässige Wellenranke, welche den oberen Teil der Wand umrahmt, verdient Beachtung; die beiden ovalen Teilglieder am horizontalen unteren Band erinnern an ein Asharmotiv (vgl. Abb. 6 A). Ob die Pentagramme hier symbolische Bedeutung haben, lässt sich wohl nicht feststellen.

Das Hauptinteresse beansprucht die Dekoration der Decke. Auf Tafel XXXIV 3 ist die eine noch ganz erhaltene Hälfte wiedergegeben, die andere ist teilweise zerstört. Das umrahmende Flechtbandmuster und das Rechteck mit den eingesetzten Halbkreisen könnten auch auf einem Monument der älteren christlichen Kunst vorkommen. Rein islamische Formen enthalten die Eckfüllungen und die zentrale Komposition. Diese ist uns besonders wertvoll, da sie typische Palmetten des Nordturmes aufweist (vgl. Tafel XXVIII 5 und XX 1 2, hieher gehört auch die mittlere Palmette des Spitzbogenfeldes von Tafel XIX). Das Grundmotiv der Eckfüllungen, aus Halbpalmetten gebildete Achterschleifen, findet sich auch in den Stuckornamenten von Maqam Ali.

Auf Tafel XXXIV 2 sieht man den oberen Teil des ca. 2,87 m hohen Rundturmes, der sich an eine der Seiten des achteckigen Obergeschosses anlehnt und so eine Art Vermittlung des Überganges vom Viereck ins Achteck bildet. Am oberen Rande ist eine ca. 0,17 m breite Borde mit einer auf der Vorderseite unregelmässigen intermittierenden Ranke. Die fünflappige Palmette in der Mitte bildet eine Ausnahme. Das regelmässige Schema zeigt meist paarweis angeordnete Dreiblätter.

Den Abschluss des Dekors des südlichen Minarettes bildet der Fries von No. 1. Er besteht aus einer Bogenreihe mit flachgehaltenen Dreiblättern und einem in einem Dreiblatt endigenden Gebilde, das vielleicht auf ein altes Granatapfelmotiv zurückgeht.[137]) Ein dreistreifiges Band mit eingesetzten Halbkreisen verbindet die oberen Dreiblätter.

Wenn beide Türme ungefähr gleichzeitig gebaut wurden, so muss man wohl annehmen, dass verschiedenartig geschulte Arbeiter sich am Bau beteiligten. Stilistische Unterschiede sind an mehreren Stellen zu konstatieren, aber andererseits muss zugegeben werden, dass an beiden Türmen der entwickeltere Arabeskenstil vorherrscht, der mit der tulunidischen Vergangenheit vollständig gebrochen hat.

Eine Zusammenfassung der wichtigsten Resultate der ornamentgeschichtlichen Entwicklung enthält die Wanddekoration nördlich vom Eingang in die Hakim-Moschee, die oben schon erwähnt wurde (Tafel XIX und XXII 2).[138]) Nach

[137]) Vgl. Owen Jones, Grammar of Ornament, Pl. XII. 4

[138]) Meine erste Aufnahme datiert von 1902. Herz Bey hat einen Teil der Wand im Jahre 1908 bekannt gemacht: Rapports du Comité de Conservation fascicule XXIV Pl. II und III, teilweise reproduziert im Amidawerk. Die rechte Nische, deren entwicklungsgeschichtliche Bedeutung unverkennbar ist, hätte schon längst ein Schutzdach erhalten sollen; die Zersetzung des weichen Kalksteines hat in den letzten 10 Jahren starke Fortschritte gemacht.

den Ornamenten zu schliessen, muss sie zu gleicher Zeit wie die Türme entstanden sein. Hier finden wir die Anfangs- und Endglieder der Entwicklungsreihe, welche zur typisch islamischen Arabeske führte, zu einem Ganzen vereinigt. Man achte auf die verschiedenen Wellenrankenmotive in der linken oberen Ecke, an der Spitzbogenumrahmung und am Arabeskenfries; auf die Flechtbänder unter dem Bogenansatz, am unteren Gesims und an dem über Eck gestellten Viereck; und auf die durch flache Bogen verbundene altertümliche Palmettenreihe.[139]) Vergleicht man diese Einzelmotive mit den Hauptkompositionen, der Spitzbogennische und dem Arabeskenfries, so wird man zugeben müssen, dass nicht erst im 12. Jahrhundert, sondern schon ums Jahr 1000 die «saracenische Arabeske ziemlich fertig» ist.[140])

Der gewaltige Formenreichtum der Steinskulpturen bestätigt den Eindruck des Neuen und Schöpferischen, den die so völlig andersgearteten Gipsmonumente der Hakim-Moschee hervorgerufen haben. Auch wenn diese Ornamente in Gips und Stein die einzigen Zeugen des damaligen Kunstschaffens wären, so würden sie doch genügen, um die Behauptung zu rechtfertigen, dass die Zeit Hakims als eine der wichtigsten Epochen in der Entwicklung der islamischen Kunst anzusehen ist.

[139]) Vgl H. Saladin, Sidi Okba S. 94, Fig. 46 und Pl. XVIII; ferner F Sarre und E. Herzfeld, archaeolog. Reise im Euphrat- und Tigris-Gebiet, S. 27 Abb. 16; diese Steinskulptur, die van Berchem der 2 Hälfte des V (XI.) Jahrhunderts zuweist, ist besonders zu beachten wegen ihrer Tuluniden-ornamente.

[140]) Vgl Riegl a. a. O S. 326.

Verzeichnis der Textabbildungen und Tafeln.

Tafel XX: Hakim-Moschee, 1. u. 2. Palmettenfries am nördl. Minaret.

Tafel XXI: 1. u. 2. Ashar-Moschee, 3. Hakim-Moschee.

Tafel XXII: 1. Koptisches Kapitell (arab. Museum); 2. Hakim-Moschee, Stein-Nische; 3. Hakim-Moschee, südl. Teil der Maqsura; 4. Hakim-Moschee, Nische am Kuppelbau.

Tafel XXIII: 1. Fatimidische Holzskulptur (arab. Museum); 2. Ashar-Moschee, Gipsfries; 3. u. 4. Füllungen der Hakimtüre.

Tafel XXIV: 1. 2. 3. 5. Hakim-Moschee, nördl. Minaret; 4. südl. Minaret.

Tafel XXV: Hakim-Moschee, nördl. Minaret.

Tafel XXVI: Hakim-Moschee, nördl. Minaret.

Tafel XXVII: Hakim-Moschee, nördl. Minaret.

Tafel XXVIII: Hakim-Moschee, nördl. Minaret.

Tafel XXIX: Hakim-Moschee, nördl. Minaret.

Tafel XXX: Hakim-Moschee, südl. Minaret.

Tafel XXXI: Hakim-Moschee, südl. Minaret.

Tafel XXXII: Hakim-Moschee, südl. Minaret.

Tafel XXXIII: Hakim-Moschee, südl. Minaret.

Tafel XXXIV: Hakim-Moschee, südl. Minaret.

Hakim-Moschee: Unterbau der Kuppel, 380—393 (990—1003).

Hakim-Moschee: Schriftbänder der Maqsura

1

2

Hakim-Moschee: Schriftbänder des Querschiffes.

Hakim-Moschee: Archaisierendes Schriftband

1

2

Hakim-Moschee: Fenster an der Qiblawand.

Hakim-Moschee: Unterbau der Kuppel

Hakim-Moschee: Nische am Unterbau der Kuppel um 393 (1003)

1

2

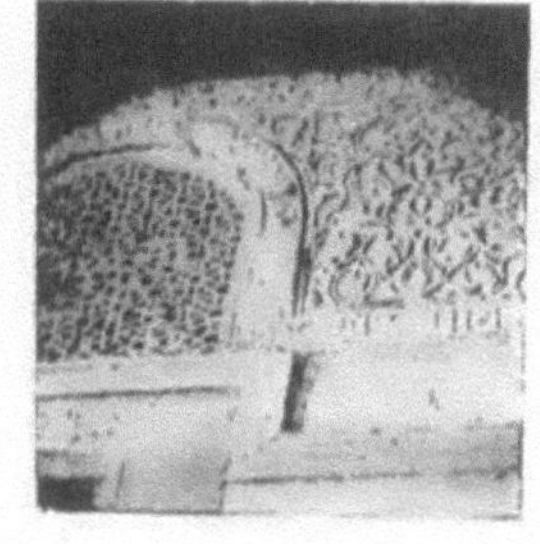

3

Ashar-Moschee: Maqsura.

Ashar-Moschee: Querschiff der Maqsura 361 (978)

1

2

Ashar-Moschee: Querschiff der Maqsura

1

2

1. Ashar-Moschee: Querschiff. 2. Ibn Tulun-Moschee, Qibla 4. (10.) Jahrhundert.

Ashar-Moschee: Qiblawand.

Ashar-Moschee: Qiblawand

1

2

Ashar-Moschee: Eingangskuppel. 1. Hälfte des 6. (12.) Jahrhunderts.

Ibn Tulun-Moschee: Qibla 4. (10.) Jahrhundert

1

2

Ibn Tulun-Moschee: 1. Qibla des Sultans Lagin 696 (1296).
2. Qibla des Wesirs El-Afdal 487 (1094).

Giyuschi-Moschee: Qiblawand, 478 (1085)

Qubba Ichwat Jusuf: Qiblawand, erste Hälfte des 6. (12.) Jahrhunderts.

Hakim-Moschee: Steinskulpturen nördlich vom Eingang.

1

2

Hakim Moschee: Palmettenfries am nördl. Minaret, um 393 (1003).

1

2

3

1. Ashar-Moschee: Maqsura. 2. Ashar-Moschee: Hoffassade. 3. Hakim-Moschee: Maqsura.

1

2

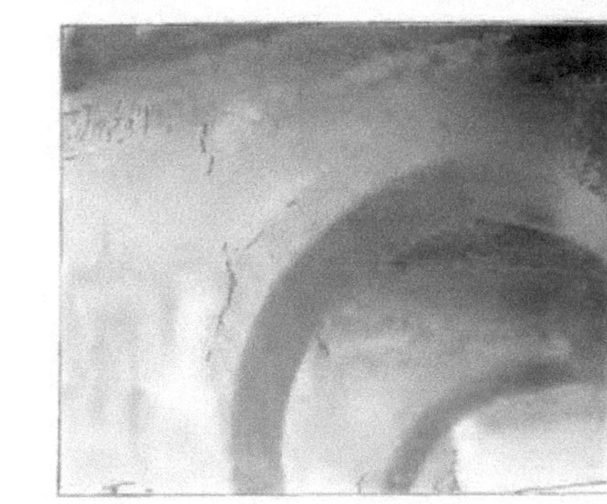
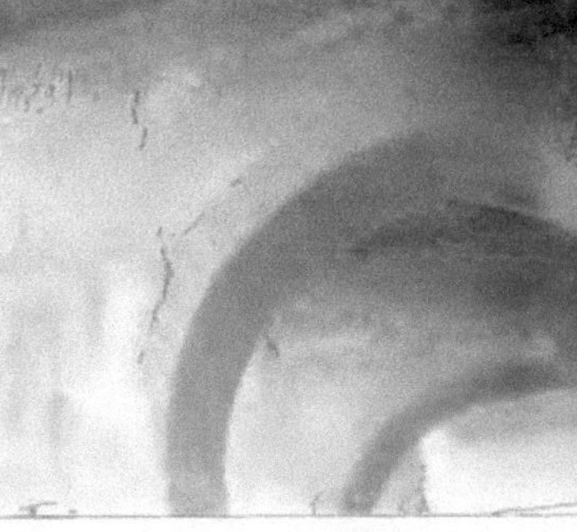

3

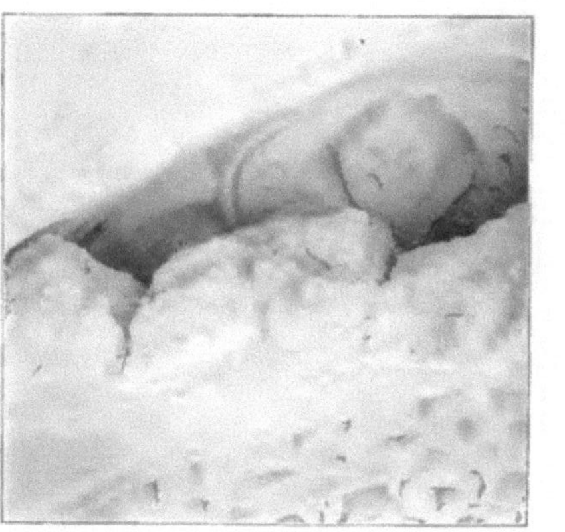

4

1. Koptisches Kapitell (arab. Museum). 2. Steinnische (El-Hakim). 3. Südl. Teil der Maqsura (El-Hakim). 4. Nische am Unterbau der Kuppel (El-Hakim).

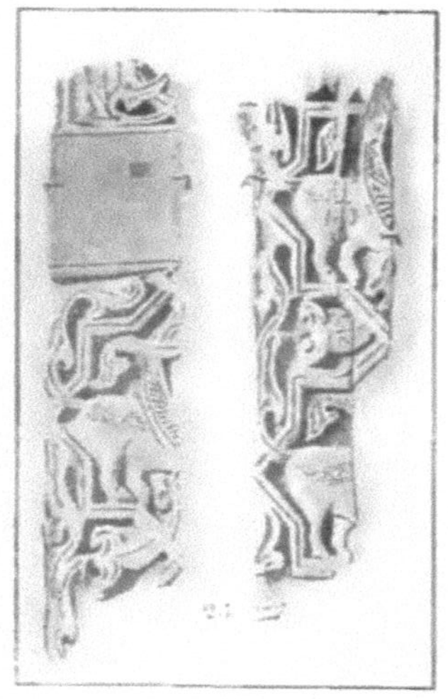

1

2

4

3

1. Fatimidische Holzskulptur (arab. Museum). 2. Gipsfries (El-Ashar). 3. u. 4. Füllungen der Hakimtüre

1

2

3

4

5

Hakim-Moschee: 1 2 3 5 nördl. Minaret; 4 südl. Minaret, um 393 (1003)

1

2

3

4

5

Hakim-Moschee: nördl. Minaret

1

3

2

Hakim-Moschee: nördl. Minaret

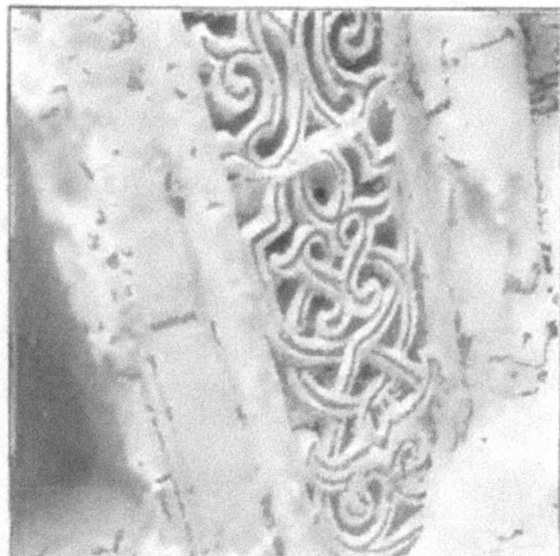

2

1

3

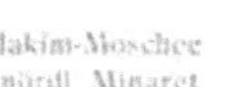

Hakim-Moschee
nördl. Minaret.

1

2

3

1

2

3

4

5

6

1

2

3

Hakim-Moschee: südl. Minaret.

1

2

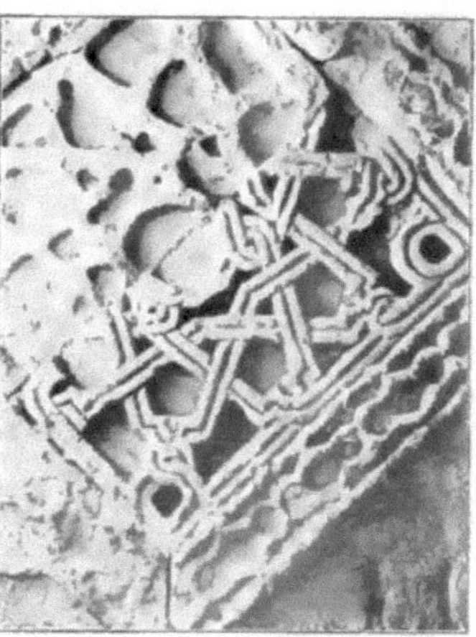

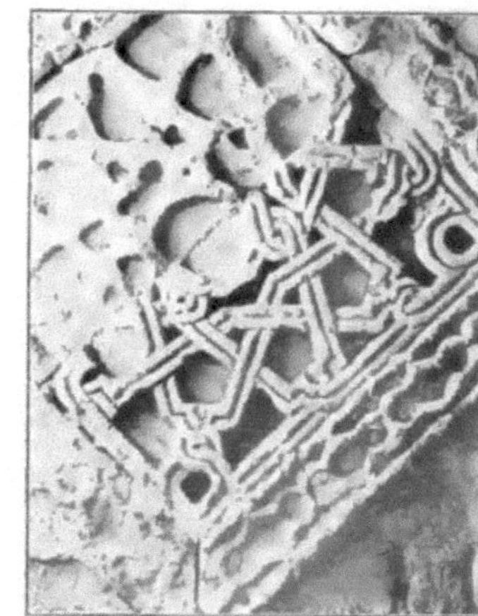

3

4

Hakim-Moschee: südl. Minaret

1

2

3

4

Hakim-Moschee, südl. Minaret

1

2

3

4

Hakim-Moschee: südl. Minaret

3

1

4

2

Hakim-Moschee: südl. Minaret